都市盛衰原因論／イタリアルネサンス文学・哲学コレクション①

イタリアルネサンス文学・哲学コレクション［1］
責任編集——澤井繁男

都市盛衰原因論

Delle cause della grandezza e magnificenza delle città

ジョヴァンニ・ボテロ
Giovanni Botero

訳——石黒盛久

水声社

本書は、
澤井繁男の編集による
イタリアルネサンス文学・哲学コレクションの
一冊として刊行された。

Giovanni Botero（1544-1617）

目次

凡例

一、本書は、ジョヴァンニ・ボテロ『都市盛衰原因論』の全訳である。底本として、以下の版を用いた。

Giovanni Botero, "Delle cause della grandezza e magnificenza delle città" in G. Botero (a cura di L. Firpo), *Della Ragion di Stato*, UTET, Torino, 1948, pp. 241-454.

その他、翻訳にあたって参照したテクストは巻末の「訳者解説」に記した。

一、ルネサンス関連の人名・地名などの固有名詞の表記は概ね『ルネサンス百科事典』（T・バーギン他編、原書房、一九九五）にしたがう。それ以外の固有名詞の表記にあたっては慣用を優先した。

一、訳注は巻末に配した。

一、〔　〕は訳者による補足・注記を示す。

都市盛衰原因論

献辞[1]

ガレーズ公妃等々なる威勢赫々たる貴婦人

コルネリア・オルシーニ・ディ・アルテンプスの君へ[2]

普天の下において天主の御業になるもののうち、最も尊貴なものが人間であるのと同様に、人間の周囲に見出される事物のうち、都市以上に大いなるものはございません。なぜなら人間というものは、社会性を持ち、また各々の財を交換し合うものでありますから、実に都市においてこそ人間相互の対話や生活にかかわる諸々の物品の交換が、充分になされることとなるのであります。そこには人間の出精が、技芸が、そして交通があり、また正義や勇気、寛大、豪胆その他諸々の美徳が繰り広げられることになります。このような場におきまして、かかる美徳は共通の福利のために用いられ、また多大なる栄光のもとに輝きわたるのです。都市こそは御神の創造になるこの世界において、人間の手で創造された小さな世界のようなものに他なりません。自然の考察が、御神の偉大さの認識へと我々を導くのと同様に、都市に関する考察は、御神の賛美と栄光に満ち満ちた人間の卓越性について、なにがしかの際立った知識を提供してくれます。人間こそはまさにこの御神の被造物なのであります。そしてまさにこのことこそが私をして、この過去数年にわたり行なわれた様々の旅行の折にあたって、なぜある都市が他の都市より繁栄しているのか、その理由を尋ねるようにと促しました。

そしてここにこの考察を印刷に付そうとするにあたり、多くの理由によりかかる考察がとりわけそれにふさわしいものであるがゆえに、貴女の尊い御名により飾り立てようと思い立った次第です。まずもってそれが君主固有の論題であることから、こうした議論はあなた様の尊貴なる血筋にふさわしいものであります。また都市の定礎とその拡張を取り扱うところから、あなた様の数多くの称号や領地にふさわしいものと申せましょう。またそこにおいて君主の疑問に答える多数の事柄が考究されるために、あなた様の才知の高貴さに適したものでもあります。かくのごとき議論はまた、手短な要約によりあなた様が、地上の偉大な、あるいは刮目すべきあらゆる事物を、そのお宅より出ずることなくご理解されることが叶いますゆえに、その堅忍不抜や美徳の範例のゆえに若年の折からあなた様がその座についておられる、その比類なき地位に適したものともなります。あるいはまたそこにおいて御神の無限の摂理が了解される広大な地平が開かれることから、かかる考察はあなた様の宗教心や慈悲の心にふさわしきものとも相成ります。まことにこの御神こそが、最善の牧者として、人間という理性を備えた子羊たちを都市の囲いの内において養って下さるのです。

私がお捧げし得る事の些細さを恥じ入るものではありません。と申しますのも、それがよりはかなく、またより卑しいことであればあるほど、あなた様の比類なき御仁慈をあまねく示すに相応しいものとなるからでございます。太陽よりも偉大なものがあるでしょうか。そしてこの太陽は小さな鏡のくぼみにおける以上に、一体どこにおいてその光と熱の激しさを、いっそう明瞭に指し示してくれるというのでしょうか。しかしながら私が著わしたこの小冊子にいかなるものが欠けておりましても、それがあなた様により穏やかな眼差しと格段の喜びと共に受け入れていただけることを、私は信じて疑いません。なぜならそれが少なくとも高名なるアルテンプス御一門の好意の下、ボッロメーオ枢機卿様のお家より刊行されたものだからに他なりません。(3) あなた様の十全なるご幸福を御神にお祈りし、恭《うやうや》しき接吻をその御手に捧げます。

一五八八年六月十日　寓居にて

あなた様の忠実なる僕

ジョヴァンニ・ボテロ

第一巻

一　盛大なる都市とはどのようなものか

幸福に生活するために一カ所に集住する人間たちの集まりのことを都市と称する。その土地の広さや城壁の長さをもって、盛大なる都市と呼ぶのではない。その住民の数の多さや彼らの有する資産の豊かさをもって、盛大なる都市と称するのである。人間は都市から生じる権威や必要、あるいは快楽や有用性によって、そこに集住するよう導かれることになる。

二　権威について

カインこそが最初の都市創建者であった。だが詩人たちは、その昔に人類は山地や平地のあちらこちらに散らばり、法律もまた文明的な交際の風俗習慣もないような、獣とたいして変わりのない暮らしを送っていたというお話――キケロもまたこれを踏襲しているのだが――をこねあげている。(1) やがて人々の間に、その知恵と雄弁をもって権威や驚くべき名声を獲得する人物が現れ、粗野な群衆に対して、もし彼らが一つの定まった地に赴き一体をなして共同生活を営むようになれば、そこから生じるであろう様々な事物の相互交換ゆえに、質量ともにどれほどの利便を享受できるようになるかを説いてみせた。かくしてこうした英傑たちはまずは郷村を、次いで地方や都市を創建したのである。

それゆえに詩人たちは、比喩によりこれらの原初の人々の知性の粗雑さや習俗の粗野さを表現しようとして、オルフェウスやアンピーオン(2)が自身の後ろに獣たちや、あげくの果ては森や石たちすらを引き寄せ、引き連れたというさまを空想して見せたのである。だがこんなおとぎ話は脇に置いても、そのような次第から、アテネ人たちの支配権を握っていたテセウスが、当時あちらこちらの村落に住んでいたすべての人々を、一つの都市に集住せしめようという考えを抱いていたことが読み取れよう。テセウスは、こうした集住から生じる利点を示してやることにより、人々を、容易にこうした行為に引き込むことができたのであった。

これと同じような集住が今日でもブラジルにおいて、継続的に行なわれつつある。この地の住人たちはあちらこちらに散らばって、洞窟や家というよりむしろ小屋というにふさわしい、棕櫚の木の葉や枝でできた建物に住んでいる。かかる散住形態によりこの地の人々は、その魂の野蛮さとその習俗の粗野さの内に取り残されてしまっている。そしてこの事は福音の宣教や異教徒の改宗、さらには徐々に改宗した人々の訓育や文明的統治のためにも、多大な障害をもたらすものとなっている。そこでポルトガル人たちやイエズス会の神父たちは、ある適切な場所に彼らを集住させるよう大変な努力を払っている。そうして集住地において文明的な生活を送るようになったことから、原住民たちは、これらの神父たちによって以前よりいっそう容易にキリスト教信仰へと訓育せられ、またポルトガル王の官吏たちにより、いっそう容易に統治されるようになってきている(3)。

偉大な君主や著名な共和国により創建された都市が、こうした事業の歴史的発端に位置している。すなわちギリシア人とフェニキア人は無数の都市の創設者であり、他方アレクサンドロス大王やその他多数の王たちによってもまた、多くの都市が創設された。各地のアレクサンドリアや、プトレマイス、アンティオキアやリュシマキア、フィリポポリスやデメトリア、カエザリア、アウグスタ、セバスティア、アグリッピナ、マンフレドニア、そしてまた我々の時代にあってはコスモーポリ(4)やチッタ・デル・ソーレ(5)といった諸都市の存在が、これを証拠立てている。だがこの点において七十カ所以上の都市を建設したアレクサンドロス大王や、そのほか多数の都市に加えて、その妻の栄誉のために三つのアパメアという名の都市と、自身の母の追憶のために五つのラオディケア、そしてまた彼自身の栄誉のために五つのセレウキアを創建したセレウコス王以上に、称賛に値する人物は他にない。セレウコス王はすべて合わせれば三十以上の都市を創建したので

ある。(6)

三　必然について

極端に言えば、例えば戦争とか集団虐殺とか略奪といった、なにがしかの差し迫った危険が人々を導くとき、人間はおのが命と財産の保全のため、一カ所に必然的に集住するものである。こうした安全性は、何よりもまず山がちで峻険な場所、あるいは沼地とか孤立した場所その他の、そこに接近することの困難な場所において見出される。大洪水の後に人間は同様の災厄に再度見舞われることを危惧し、ある者は自身の住居を山の頂にしつらえ、またある者は塔を信じがたい高さにまで伸ばし天にも届かんばかりにし、こうした災厄から逃れようとしたのである。この観点から見て山上の都市が極めて古い歴史を有するものであり、また塔というものが比類無く古い建築様式であることは、疑う余地がない。だが戦争や洪水、あるいは残虐無道な人々の脅威が、彼らに山の頂や島嶼や湿地帯、あるいはこれに類似した場所においてその生を保全することを余儀なくされる場合を除いて、再度の大洪水の到来の懸念がなくなった後の人間たちは低地に降り立つようになり、そこに彼らの住居を構え始めた。

ムーア人どもがスペインに攻撃を加え、この地を悲惨な隷属に陥れた時、その地においてなされた大虐殺を免れたキリスト教徒の人々は、ビスカイアやアラゴンの山地に逃げ込み、また一部は小舟に乗って海に出て〈七つの都市の島〉に難を逃れた。この島を〈七つの都市の島〉と称するのは、七人の司教がその信者たちと共にそこに滞留したからに他ならない。かの大タルメラン[7]が引き起こした荒廃は、ペルシアとその周辺地域の住民たちにその古来の郷里を捨てさせ、さながら彷徨う小鳥たちのように、ある者たちにはタウロス山脈の頂に、またある者たちには外タウロス山脈の頂に、またある者にはカスピ海の湖上の小島に逃亡することにより、その命を全うすることを強いたのであった。また、スラブ人どもが襲来した際にイストリア地域の住民たちはカプラリア島に立て籠り、そこにジュスティノーポリ[8]の町を建設した。同様にランゴバルト族がイタリアに襲来した時、ガリア・トラスパダーナ[9]の住民たちは湿地帯へと逃げ込み、そこにクレマの町を建てた。

だがこうした土地の要害堅固さは多くの場合、その土地の地味や交通とも、またその主要な魅力とも合致することが難しいから、そこには著名な都市が乏しくならざるを得ないのである。だが必然のゆえに人々がそこに集住することを余儀なくされた土地が、安全さに加えて、なにがしかの利点を保有するならば、それがその人口や富、そして居住性の上で成長することは極めて容易なことである。かくして中近東や北アフリカの多くの都市が、スペインのフェルディナンド王やポルトガルのマヌエル王により追放されたユダヤ人の大群衆によって大都会に成長した。それはとりわけサロニカとロードスである。我々の時代にあってイギリスの多くの都市が、低地地方から流出したカトリック王[10]に対する造反者たちを元手に、その人口と交通の繁盛の点において大発展を遂げている。なかでもロンドンがそうである。そこには低地地方から何千家族もの人々が難を避けてきたのであった。

紀元九〇〇年前後の時期にサラセン人どもがジェノヴァとジェノヴェザートを略奪し、そこを灰燼に帰したことがあったが、その間にピサが大発展を遂げることとなった。というのもこのピサの町においては、その周辺領域の肥沃や交通の利便と土地の要害堅固さが結びついていたからである。フン族の王アッティラがイタリアに侵攻した時、ロンバルディア人たちはこの王が引き起こした身の毛もよだつほどの荒廃に驚愕して、アドリア海の島嶼に難を避け、そこにいくつかの地域や共同体を作り上げた。それからピピン王[11]が彼らに仕掛けた戦争に際して、彼らはエクィリオ、ヘラクレア、パレスティナ、マルモッコといった安全性の乏しい地を放棄し、一団となってリアルト[12]周辺の地域に撤収した。ヴェネツィアが成長したのは、このような次第からなのである。

四　周辺地域を荒廃せしめること

ありとあらゆる手段を用いて祖国を強大化しようとしたローマ人たちは、必然を上手に活用した。例えば近隣住民たちが進んでローマに移住しそこに定着するように、こうした近隣住民の故郷をその根底から破壊したのである。かくしてトゥルス・ホステリウスは強盛を極めた都市アルバを叩き潰したし、タルクィニウス・プリスクスは富裕な地であったコルニコロを平地にしてしまった。またセルヴィウス・トゥリウスはポメティアの地を荒廃させた。王政の後の共和国の自由な時代に入ってからも、[13]十年の包囲戦の後に暴力よりもむしろ策略によりようやく制圧した都市ウェイイを、ローマ人たちは根絶してしまっている。かくしてこれらローマ近傍の都市の住民たちは、そこに定住し生活を安寧に送ることができる土地を失い、彼らの祖国をローマへと取り換えることを強要されるに至った。その結果、逆にローマは、このようなやり方を用いることで、人口と富の面においてその勢力を驚くばかりに強大化させたのである。

五　人々をその故地から我らの都市へと惹き寄せること

その人口を増やし都市を拡張するためローマ人は、上記と似たような、しかしながらそれよりも若干好ましいやり方をも用いている。それは彼らに服従した人民の全体ないしはその大半を、武力を用いて、ローマへそっくり丸ごと移住せしめるという一手に他ならない。かくしてロムルスはチェネンシ人やアンテナーティ人、クルストゥミニ人といった連中を、そこに移住させている。だがいかなる民族も、サビニ人以上に移住を通じてローマを強大化させてはいないことだろう。なぜならこのサビニ人たちはローマ人と戦闘状態に突入し、長く激しい対立の後にローマと平和条約を締結したからである。その条件は、このサビニ人の王たるタツィウスが、その人民と共にローマに移住するというものであった。その時ローマはカンピドリオとクィリナーレの丘を造成し、これをタツィウス王らの居所として選んだのである。

同じやり方はアンクス・マルキウス[14]によっても選択された。彼はポリトリオやテレーナそしてフィアンカから移住せしめられたラテン人たちに、アヴェンティーノの丘を与えたのであった。大タルメランも自身が征服した諸都市から最も富裕な人々を移住させることにより、その都たる大サマルカンドを大々的に拡張している。オスマン・トルコの諸君主は都コンスタンティノープルを拡張しその富を増大させるべく、例えばメフメト二世がトレビゾンドから、セリム一世がカイロから、またスレイマンがタウリス(15)から呼び寄せたように、支配下の諸都市から多くの人々、とりわけ工芸家たちを数千家族もそこに移住させている。

六　快楽について

これと同様に土地と人為が彼らに提供する快楽を通じても、人間はある場所に集合するものである。土地はその大気の新鮮さと平野部の快適さにおいて、また森林の鬱蒼たるさまや狩猟に際しての利便や水の豊富さによって人を惹き寄せる。シリアのアンティオキアはこうした条件を備えた都であったが、ダマスクスやビティニアのブルサ(16)、スペインのセビリアとコルドバ、その他の地もまたこれに劣らず、かかる要素により人を惹き寄せる場所となっている。人為に関して言えば、都市の道路がまっすぐであること、劇場や円形劇場、アーケードや円形建築、競馬場、泉、彫刻、絵画その他の卓越性と超絶性を有する、高い技術と豪華な素材からなる諸建造物などがこれに当てはまる。テスピエの都は何にも増して、キューピッドの模像の存在により多くの人々を惹き寄せている。サモもまた、その地の神殿の壮大さのために人々の訪れる所となっている。アレクサンドリアはその灯台によって、メンフィスはピラミッド、ロードスはその地にある巨像によって、人の訪れる地となっている。城壁の壮麗さを見物せんがためバビロンを訪れた人が、いったいどれほどの数に達したと信じたらよかろうか。ローマ人は大気の清澄さや都市の美麗さに魅せられて、シラクサやミティレネ、スミルナやロードス、そしてペルガモといった土地において喜んで時を過ごした。

目の保養となり、感覚を楽しませ、好奇心を満足させるものは、そしてまた新奇で、常軌を逸し、驚嘆すべき、偉大な、そしてまた技巧を凝らしたものは全て、このような項目に属するものなのである。ヨーロッパの全ての都市の中でも、そこが提供する快楽のため多くの人々が訪れる都市は、ローマとヴェネツィアである。前者に人が集まるのは、そのいにしえの偉大さゆえに存在する驚くべき聖遺物の数々のためであり、後者に人が集まるのは、その昨今の隆盛によりもたらされる壮麗さのために他ならない。前者にあって訪問者の心は、そこに存する古の水道橋や温泉施設、大闘技場、賞賛すべき技により作られた大理石や青銅からなる遺跡によって、驚きと喜びに満たされる。さらに彼らの心は、卓越した人工物やオベリスクの高さと巨大さ、列柱の数と多彩性などにより、あるいは珍奇な大理石や色紋大理石、アフリカ産のそれや斑岩、花崗岩、白大理石や黒大理石、黄大理石、混色大理石、蛇紋岩の多彩さと繊細さによって、果ては城壁の割れ目や聖なる諸門、その他の事物が醸し出す多彩さと繊細さによっても驚きと喜びで満たされることとなるのである。

ローマの持つこうした諸々の魅力を仔細に検討することは、非常に困難であるし、ましてやそれを明白に判別しようなど、そもそも無理な話である。古代の凱旋門やセプティゾニウム[17]や諸神殿に関しては何と言ったらよいというのであろうか。また、ローマの持つその他の数限りない驚異について、何と言ったらよいというのであろうか。もし今日もなお、もはやそれ自身の墓所でしかないローマが、その廃墟により私たちを包み込み、飽くことなく我々にこれを賞玩せしめるのであるとすれば、この都が全盛を極めていた時代、そこがはたしてどのようなものであったと信じたらよいのであろうか。

他方、比類を絶した地勢上の利点を備えるヴェネツィアも、水を統御し海洋を支配するために自然がもたらした業《わざ》により、我々の心にローマに関するそれに劣らぬ驚きをもたらしてくれる。これに加えてその無比の造船所の壮大さや、その保有する戦闘用の、交易用のあるいは運搬用の帆船の多数さ、器具機材のないしは備品類の、航海用のあらゆる道具の驚くばかりの数、楼閣の高さ、教会の富裕さ、邸宅の壮観、広場の美麗、芸術作品の多彩さ、政治制度の整備、男女の衣装の華やかさなどは、これらを見る人の目に眩暈《めまい》を引き起こす程のものである。

七　有用性について

この有用性という要件は人間が一カ所に定住するにあたって、多大な効果を発揮するものに違いない。それゆえその他の事柄は、この要件が関与することがなければ、いかなる都市を発展させるにあたっても効果を発揮することはない。政治的な権威だけではだめである。なぜなら、たとえもし外部の政治的権威によって人間が一カ所に集住せしめられたとしても、住民がそこにいかなる利便性も見出さないならば、彼らがそこに定着してくれることはないのである。強制だけでも十分ではない。なぜなら、人間の集合体は多年にわたってゆっくりと成長し続けて行くものだが、このような強制は暴力に由来するものでしかない。そして暴力は永続する効果を発揮することは決してないのである。その結果として都市が成長しないばかりか、必然ないしは暴力によって獲得された国家やその支配権は、長くは維持され得ないということがわかるだろう。

それは、河川のようなそれに水を不断に供給する源流を持たぬ急流のごときもののである。このような源流を持たぬ急流は一時のものに過ぎず、時に成長してもまた時間がたてば衰えてしまう。それゆえそれが噴出する時には旅人にとり恐るべきものとなるが、時間がたてば徒歩で渡ってしまうことができる程度のものに衰えてしまうわけである。

タタール人による領土の征服が、ちょうどそのようなものである。彼らは幾度となくアジアを侵略した。あるいはアレクサンドロス大王やアッティラ大王、大タルメランやフランス王シャルル八世とルイ十二世の征服事業が、まさにそのようなものであったと言えるだろう。その理由は次のようなことに求められる。すなわち、我々の自然の性《さが》はその有用性をおのずと求めるものであり、したがって有用性を感じないものに甘んじたり、そうしたものに満足したりすることは決してあり得ないからである。それはあたかも植物がある土地にしっかりと移植されたにもかかわらず、日光や雨の恵みがなければその土地で、継続的に成長していくことが決してできないようなものである。こうした植物の場合と同様に人間の共同体も、単なる強制から始まった場合には、何らかの有用性がそれに加わらないかぎり、長続きすることは決してない。

こうした有用性に比べた時、快楽や嗜好が発揮する効果は乏しい。なぜなら人間は働くために生まれてきた。人間の大半の部分は実際に労働に従事しており、怠惰に一日を過ごす者はごく少数に過ぎず、そこには何らの価値もない。彼らの怠惰は精力的な人々の働きや勤勉に依存している。有用性がなければ快楽も存在し得ないのだ。前者は後者からもたらされる果実なのである。さて有用性こそが都市の隆盛をもたらす主要な原因だと仮定したところで、かかる有用性自体一種類に限られた単純なものではなく、様々の形態と素材に基づくものであるからして、ここでいかなる種類の有用性が、都市の隆盛の原因であるか、この議論の目的によりふさわしいものとなるかを検討することが、我々にとっての課題として残されている。そこで我々は、都市の成長のためには、都市の立地とその地味の豊かさ、そして交通の利便性が、決定的に重要となるということを指摘したいと思う。

八　立地の優位について

私は多くの人が交易のために、つまりは彼らにとって余剰となった物資を輸出し、また反対に彼らにとり不足している物資を輸入するために必要とする場所のことを、優位な立地と称している。こうした土地は輸出入を企てる人々の間に存するがゆえにかかる活動の媒介の役割を果たし、終着点たることによりその富裕を生じさせるに至る。私はいま、それが終着点としての性格を持つと語ったが、それというのも、そうでなければこうした場所は荒廃したままにとどまり、単なる通過点としてしか活用されない結果、都市の隆盛がもたらされるということが生じないからである。例えばカスピ海の入り口に位置するデルベント[18]はペルシアからタルタリアへ、またタルタリアからペルシアへと往来する上で不可欠の土地である。それにもかかわらずこの都市は決して巨大な都市ではないし、その結果として昨今にあってもこの町は大した重要性を持ってはいない。

その理由はといえば、この町が旅程の終着点としての性格を持たず、単に通過点としてのみ利用され、商人や事業家としてではなく単なる旅人として往来する人々を受け入れるに過ぎないからだ。その結果こうした土地は単に交通上必要な場所というにとどまり、有益な場所となることがない。同様のことはアルプスの峠の一帯についても言えるだろう。イタリアを北部から取り巻くこの一帯は、フランス人やスイス人、ドイツ人やイタリア人が絶え間なく通行する地域であるにもかかわらず、大都市どころかほどほどの経済的隆盛を保つ土地すら存在しないありさまなのである。同じことが他の多くの場所についても言える。

例えばスエズは紅海を介してインドからカイロに赴こうとする者にとっては避けて通ることのできぬ土地である。またサン・ジャコモ島やパルマ島、そしてテルセーラ島[19]はポルトガル人やスペイン人たちにとりインドへの、ブラジルへのはたまた新大陸への航海に不可欠な土地であるが、デンマークとスウェーデンの間の島々や、ドイツ海〔北海〕とバルト海の間の島々と同じように、こうした土地に主要な都市が存在したことはなかったし、これからもそういうことは生じないことだろう。ウリシンゲン[20]の町はフランドル人とイギリス人、さらにはその他の人々との間の交易において不可欠極まりない通過点に位置しているが、それでもささやかな町であるに過ぎない。逆にジェノヴァは巨大な都市であるし、ヴェネツィアもそうである。なぜならこの両都市共に交易路の終着点としての性格を有しており、単に商業上の通路としてではなく、それ以上に物資の集積地や商館の所在地としての性格を備えているからに他ならない。同様のことはリスボンやアントワープその他の都市についても言える。それゆえ都市がその繁盛を極めるためには、その立地が必要不可欠であるというだけでは不十分なのである。それに加えて近隣の住民にとって、〔交易の終着点として〕有用な土地であることが肝要なのである。

九　地味の豊かさについて

都市の繁栄の第二の原因とはすなわち、土壌の豊かさに他ならない。なぜなら人間生活には食物と衣服が不可欠であり、これらの品々は大地が産出したものから作り出されるから、もしもその属領地域の地味の豊かさが平均を超えるようなものでなければ、何ともならないからである。そしてもしこの肥沃さが都市住民の消費を支えるのみならず、周辺住民の要求に応えることができるほどであるならば、それはいっそう望ましいものであることだろう。というのも全ての土地が全ての物品を生産することはできるはずもない以上、それが多くの物産を産出することができるほど肥沃な土地であればあるほど、こうした土地は大都市を生み出すに充分な土地であるからに他ならない。なぜならそれを求めて人々にその家郷を離れさせるがごとき他国の生産物に対する必要性が少なくなればなるほど、反対に自国の側から他国に対して供給できるものが多くなればなるほど、そのことは近隣住民を自国に引き寄せる原因となるからだ。

だが都市の繁栄をもたらすためには、都市が肥沃であるばかりでは十分ではない。なぜなら豊饒極まりないにもかかわらず、大都市が一つもないような地域もまた見出されるからである。それは例えばピエモンテである。穀物や肉類、そしてワインやとりわけあらゆる種類の果実が、ピエモンテ以上に豊富に存する地域を私は知らない(21)。こうした物資の豊富さこそが、スペインとフランスの軍事力や勢力を、長年にわたりこの地において維持してきたのであった(22)。またその地が極めて肥沃であるにもかかわらずイギリスにおいては、大都市といえるような都市はロンドンを除いては一つも存在していない。同様にフランスにおいてもパリを除いては、大都会というものがやはり存在しない。にもかかわらずパリはこの強大な王国の、最も地味豊かな地域にあるという訳でもない。なぜならパリのある地域は、その快適さにおいてトゥレーヌ地方に及ばないし、その物資の豊かさにおいてはサントンジュやポワティエに及ばない。また果実類の多様性においてはラングドックに劣るし、海の利便についてはノルマンディーの比ではない。ワイン類の豊富さにおいてはブルゴーニュに劣り、穀類の豊かさではシャンパーニュに敵わない。またワインと穀物というこの二つの物資に関して言えば、オルレアンの田舎の方がパリ地域に勝り、肉類についてはブルターニュとブルージュの方が優れている。

それゆえ大都市が出現するためには、そこが地味豊かであるというだけでは十分ではない。それは次のごとき理由による。すなわち、地域の物産が豊かな場合そのような地の住民は、自身の郷土において必要有益なものすべてを見出し得るがゆえに、他の地域に出かけることに関心を払わないし、また積極的に出かけなければならない理由もない。彼らは自分が生まれたところにおいてこうした必要物資を、自ずと享受できるのである。どんな人でも、可能な限り不快を感じることなく、安楽さを享受したいと願うものだ。だとすれば、こうした物資が供給する安楽を家にいながら味わうことができるのに、いったいどんな理由から、それらを異郷に追い求める必要があるだろうか。住民たちが快楽を求めることが少ない場合であればあるほど、この理屈はいっそう当てはまるのである。結局のところ土地の肥沃さは、多くの人々が集住するようになるためには十分な条件ではない。人々の集住が実現するためにはそれに加え、こうした人間たちを一つにまとめるなにがしかの契機が必要となる。そしてそのような契機こそ、移動の容易さや利便性に他ならない。

十　移動の利便性

この移動の利便性というものは、一方では陸路によって、他方では水路によって我々に明確に提示される。陸路によるというのは、商品その他の物資が各地から荷車や馬、ロバやその他の運搬用の家畜に載せられて、容易にそこに運び込まれるよう、かかる陸路を平安に通行できることを指す。人間はその旅路を、徒歩により、馬により、馬車により、そしてその他の手段により、この道を通じて安楽に辿る。ポルトガル人たちは中国の広やかな平野部においては、帆を備えた馬車が利用されることを書き記している。スペインにおいてもしばらく前から、同様の帆を備えた馬車の使用が試みられはじめている。またこの移動の利便性は水路によっても提供される。すなわち、もしかかる地域が航海可能であった時には、水路により提供される移動の利便性は、その容易さという点においても迅速性という点においても、陸路のそれにはるかに勝るものなのである。というのも陸路よりむしろ水路を介することにより、実に短時間にしかも安価で労苦少なくより大量の荷物を、はるか彼方の国々に送り届けることができるために他ならない。

ところでこうした航海可能な水域は、自然の産物である海や川そして湖、そうでなければ人為ないしは人の労苦による運河や（周囲四五〇マイルに及ぶエジプトのモエリス湖のごとき）干拓地からなる。そして実際私には、神が水というものを、単に自然の景観の完成に必要不可欠な要素としてのみならず、ある国から他の国へと物資を運搬するにあたって利便至極な手段として、世にお与えになったかのように思われる。その結果、あたかも一つの身体の各部分の肢体として人間が相互に依存し合うことを望まれた御神は、いかなる国にもすべての事物を与えることがないように、ご自身がもたらされる福利をしかるべきやり方で、世界の各地に分配されたのである。それは、この国がかの国の物資を必要とする一方、そうした接触により同じくかの国がこの国の物資を必要とするようになり、その結果として交流が生じ、かかる交流から愛が、更にはかかる愛から世界の統一が生ぜんがために他ならない。まさにかかる交流を促進すべく、御神は水というものを、その膨大さにより多大な物資を支えることができるように、またその液体性により人がかかる多大な物資を風や櫓の助けを借りて、思うままに世界のいたるところに運搬することができるように、という意図の下に創造された。そしてこのような媒介を介して、東方が西方と、南方が北方と互いに結び付けられ合うこととなるのである。それゆえ我々は、ある地域に産出される物は、交通を介したその入手の容易さのゆえに、ほかの全ての地域のためにも産出されているのだと言うことができるだろう。

さて、ほとんど無際限とも観じられる広大さや水量の膨大さのゆえに、海というものが、湖沼や河川とは比べ物にならないほどの利便を供してくれるものであることは疑う余地がない。だがもしあなた方が便利かつ安全な港をそこに見出すことがなければ、海はあなた方の役に立つことはほとんどない。便利と私が言うのは、港の有する広がりや、その入り口、中間そして深奥の水深のことを指している。安全と私が言うのは、あらゆる、あるいは多くの、ないしはせめて最も激しい風から、港が守られていることを意味している。そしてあらゆる風の中でも北風《ボレア》は、もっとも耐え凌ぎ易い風であると言われている。いっぽう北東風《グレコ》によりかき乱された海も、それが止みさえすれば沈静されてしまう。だがヴェネツィア湾が風の静まった後ですら、なお波立ち長時間にわたり逆巻いていることからわかるように、南風《アウストラル》は海をかき乱し騒がせるものだ。それゆえメッシーナやマルセイユのごとき天然の良港や、ジェノヴァやパレルモのごとき自然を模して造成された港が、海における安全な場所ということになろう。

湖はあたかも小さな海のごときものであり、それゆえこれらもまたその大きさやその他の利便に応じて、その地の住民に多大な利益を提供する。例えば新スペインのメキシコ湖の事例がある。周囲九十マイルに及ぶこの湖は五十もの富裕な市町村により飾り立てられている。その中にはこの広大な王国の首邑ティノチティトラン(23)も含まれている。河川もまた同様に重要であるが、中でも重要なのは、広範な流域を有し、より富裕で商業の盛んな地域を流れる諸河川である。こうした河川としてイタリアのポー川、フランドルのスヘルデ川、フランスのロアール川やセーヌ川、ドイツのドナウ川やライン川などが挙げられる。湖沼が自然により形成された海の内懐や湾にいささか似通っているのと同様に、湖沼や河川の水が流入する運河もまた、人造による河川のある種の模倣ないしは類似品に他ならない。

古代エジプトの諸王はナイル川からヘリオポリス(24)の街に及ぶ長大な溝を掘り、紅海から地中海へと運河を引くことを画策した。それは我々の海〔地中海〕をインド洋へと結びつけることによって物資の流通を促進し、かつそうした手段によって彼らの王国を富裕にさせるためであった。またイオニア海をエーゲ海と結合すべく、その地峡を埋め立てることが何度も試みられたことは、よく知られた事実である。カイロのスルタンの内の一人はユーフラテス川からアレッポの街まで運河を引いた。またフランドルにおいては、ゲントやブルージュその他の都市に、多くの運河が存在することが見て取れる。それらは多大な技術とさらには計り知れない金銭上の出費によって建設されたものであるが、商品の輸送や人間の交通を大きく促進することにより、その有用性には極めて大きなものがある。またロンバルディアにあっても多くの都市が、こうした容易さを適切な施策により享受している。だがその点においてミラノに及ぶものはあるまい。ミラノはその地に残るローマ的偉大さにふさわしい運河により、自身にテシーノ川とマジョーレ湖の水を引き、これによりその地の商業を限りなく繁栄させている。またミラノは同じく近隣の豊饒極まりない土地の果実や、その他の産品を自市に招来すべく、いま一本の運河によってアッダ川の流れをも利用しているのである。もしパヴィアの運河とイヴレアの運河がたがいに接合し合えば、ミラノはもっと繁栄するに違いない。

ところで物資の運搬や人の移動のために運河や河川においては、既に言及されたその流れの長さに加えて、水深やそのたおやかさ、その護岸の堅固さ、そしてその川幅などもまた重要な要件となる。水深がこうした要件のうちの一つとして数えられるのも、深い水はいっそう大きな重量を支えることができるし、またそれにより航行も危険なく行なうことができるからである。たおやかさがなぜこうした要件の内の一つに数えられるかといえば、こうしたたおやかさこそが、河川の上り下りを、あるいはあらゆる方向への航行を容易ならしめるからに他ならない。この点においてテシーノ川からミラノに達する運河を計画した人には、手抜かりがあったように思われる。というのもそこにあっては大量の水が注ぎ落ちることにより、川の流れがかくも早いものとなった結果、人は途方もない辛苦と時間の消費をもって、川を遡上せねばならないからである。

だが河川に関して言えば、自然はケルト人のガリアと呼ばれるフランス北中部地方やベルギー地域に対して実に憐れみ深い。なぜならこの地方においては、河川というものは概して穏やか極まりないものだからである。それゆえこの地域で人々は、信じられぬばかりの容易さで、川を上ったり下ったりするのである。というのも河川の大半は平地に生じており、そこにおいて川の流れはさほど急なものとはならないからである。こうした河川は山々の間を縫って流れるのではなく、また短いものでもない。その長さは広やかな平野において何百マイルにも及んでいるが、そこにおいてあたかもこうした河川自身の戯れでもあるかのごとく、それらはその流れを時に展げたりまた時に畳んだりしつつ、また時には前に進んだり後戻りしたりして、さまざまの都市や地域に水を供給したり、その他の利便を提供したりして恩恵を与える。だがヨーロッパじゅうのいかなる土地といえども、ベルギーにも増して川の恩恵に与っている地域はない。そこは俗にフランドルと称される地域である。そこにはスヘルデ川、ミューズ川、モーゼル川、ニエール川、ロエール川、そして三つの大きな支流[25]に枝分かれするライン川がある。このライン川の三つの支流は真っすぐに、州をまたいでゆったりと流れ、航海と交通の、そしてそれらがもたらす無数の財貨の利便とにより、これらの地を豊かならしめているのである。

確かにこれはイタリアには欠けている利点である。なぜならイタリアは南北に長く東西に狭く、またアペニン山脈により真っ二つに分かたれた地形をしているため、その河川は自身の流れの短さのゆえに、川幅を充分に広げることも、流速を緩めることもできないからだ。ロンバルディアの諸河川の全てないしは大半は、テシーノ川やアッダ川、セリオ川やアディージェ川のようにアルプス山脈に、あるいはタロ川やレンツァ川、パナーロ川やレーノ川のようにアペニン山脈にその源流を有している。このような川と呼ぶよりむしろ激流と呼ぶ方がふさわしいようなロンバルディア地方の諸河川の内には、アペニン山脈とアルプス山脈の間を流れるポー川のようなものもある。そしてこのポー川のみが航行可能となっている。なぜならその流域全体がこの地域を横断しているので、ポー川のみは十分にその川幅を拡大したり、またそこに流れ込む多数の小河川を通じて水流量を増したり、それが辿る長い流路を通じその自然の流速を緩めることができるからである。

これら全てのことを勘案するに、〔ポー川を除く〕ロンバルディアの諸河川は、その長さの短さゆえに激しい衝撃と共にその地に注ぎ込み、時にかかる衝撃を増大させ、またかかる衝撃がこの地の農民たちにとってはもちろん、諸都市にとってすら脅威となりかねないような勢いをもって流れているのである。他方アペニン山脈からあちらこちらで源流の姿を取って流れ落ちるロマーニャやイタリアのその他の地域の諸河川は、すぐにアドリア海やティレニア海、イオニア海に突き当たってしまうことになる。そのためそれらの河川は大半はこうした激流を緩める空間や、そこが航行可能になるため十分なほど拡大する時間を持つことができないのだ。若干の船がアルノ川やティベレ川を航行しているが、こんなものはとるに足りないほどのものでしかない。

物資に対する水の支持力ということもまた重要である。なぜならある川の水が他の川の水に比べて物資を支えるために乏しい力しか持たないということを、否定することができないからだ。例えば教皇シクストゥス五世〔在位一五八五―九〇〕のご発意により建立された、今日サン・ピエトロ広場に見られるオベリスク(26)がローマにもたらされた際に、ティベレ川の水がナイル川の水にくらべ、いっそうの物資の支持力を有していることが認知されるに至った。またフランスのセーヌ川はその規模においては月並みな川に過ぎないが、かなりの大きさの船を、またかなりの重量の物資を支持することができる。それはこのことを実見しない限り信じられない程のものである。世界の川は同一の重量に対して等しい浮力を有しているわけではない。それゆえそれが平凡な川以外の何物でないにもかかわらずセーヌ川は、その人口とその他あらゆる物資の豊富さにおいて、キリスト教世界の他のあらゆる都市を凌駕するパリという都の、必要とする欲求に応えているのである。

ここである河川の水が他の河川の水よりいっそう重いものを浮上させることができることの原因を、どこに求めることができるのかと問う人が出てくるかと思われる。ある人々は、かかる水を栄養豊富とし、結果としてそれを濃厚なものとする、その粘土分にこうした差異の原因を求めようとしている。ナイル川の水を除けば、このような考え方に対するいかなる反例もない。ナイル川は泥を含んだ粘土分の高い水に満たされており、このため『聖書』はこの川を濁った川と称しているほどである(27)。そのため貯水槽でその水をきちんと濾過しなければ、ナイル川の水は飲むことができない。ナイル川はその水流で単にエジプトの地を灌漑するのみならず、それ以上に土壌分の濃厚さによりこの地を肥沃豊饒たらしめている。だがにもかかわらずナイル川の水は、貨物船やその積み荷を充分に浮かび上がらせるにたる程の、浮力を有するものではないのである(28)。

そこで私が考えるに、水の浮力のいかんという点について、それが含む粘土分はあまり関係がないように思われる。私見によれば、それよりいっそうかかる点において関係深いのは、河川の水が備えるある種の粘り気である。それにより水は全体としてより稠密で一体的なものとなり、結果としてそうでない水に比して重量を支えるのにより適したものとなる。ではこうした性質は、いったい何に由来するものなのであろうか。それには二つの理由がある。すなわちまずそれはこうした河川が、ねっとりとした腐土性の地域に生じたり、あるいはそのような地域を通過することから生じる。なぜならその川床や渚となる場所の土壌の性質を分かち持つ河川は、それ自身において肥沃で、同様に油のような性質を有するものとなる。加えてこうした現象は河川の流れの遅速によっても生じる。というのも河川の行程の長さやその速さは川の水の性質を、柔らかくしたり固くしたり、また水の粘り気を取り除いたりするからでもある。こうしたことがまさにナイル川について生じている。なぜならこの川は南北においてほとんど二千マイル、東西においてはそれ以上の流域を潤しており、また途方もなく高く切り立った場所から流れ落ちてくるため、流れの激しさや衝撃のため、また落下の信じられぬほどの速度のゆえに、その水は全体として雨滴のようなものに分解してしまい、磨き上げられ痩せ細って粘り気を失ってしまうことになる。他方ドイツやフランスの全ての河川はかかる粘り気に恵まれている。なぜなら快適かつ肥沃な国々において生じ、またそこを通過する一方、それらの河川は度を越して速かったり衝撃力を有したりすることはない。そしてまさにそこに保たれているこの粘り気によってセーヌ川の水は、それで手を洗うとあたかも石鹸のように手にからみつき、あらゆる汚れを目覚ましく落としてしまうのである。

だがここで川幅のことに移ろう。この川幅という要素は、ここで我々が論じている河川や運河にとり不可欠のものである。というのは川幅がありさえすれば荷船の操作がしやすいし、彼方此方に回転することもでき、相互間の間隔を保つこともできるからである。だが、深さを伴わない河川の幅は、我々の欲する所ではない。なぜなら深さを伴わなくては河川の水は、まき散らされ雲散霧消してしまうからだ。かくしてこのような河川や運河は海運に不適切なものとなってしまう。例えばまさにこのことこそがプラタ川について生じたことだ。それは度を越えた川幅のため概して底が浅く、その川底は起伏が激しくあちらこちらに浅瀬や小島が散在している。同様の理由からスペインの諸河川もあまり航行には適していない。それというのもその国の河川は、幅は広いが起伏に富んだ航行に不都合な川底を有しているからである。河川についてはここまで述べてきたことで十分であろう。さて、都市の繁栄と成長に水がもたらす利便には計り知れないものがあるから、航行に適した類の水を享受する都市は、実に便利なものである。それはすなわち種々の航海に便利な海港や河川、そして湖を擁するような都市に他ならない。

都市の隆盛の源、あるいはもっと言えば鍵は、交通の容易さにあるように思われるかもしれない。だが現実にはそうではない。都市の隆盛をもたらすためにはこうした交通の容易さに加えて、何事かが必要なのである。それはある場所に対して、別のある場所に対する以上に人を惹き寄せる何事かに他ならない。そもそも交通の便を欠いては、人口の多い場所たり得ないことは確かである。そのことは山岳地帯が証拠立ててくれる。こうした山岳地帯には多くの城塞や集落があるが、そのうちのどれ一つをとっても我々により繁華な地と称されるようなところはない。その理由はこうである。すなわち場所の険しさゆえに労苦なくしてはそこに、市民生活に必要不可欠な事物を運搬できないからである。前者があまりに険しい場所に位置し、後者が平地に位置していたことを除いて、フィエーゾレが衰亡しフィレンツェが繁盛を極めたいかなる原因も考えられない。ローマ史において我々は人々がアヴェンティーノの丘その他の丘陵地を捨て、ティベレ川にほど近い平地に集住したことを見聞している。それは平地とその水運が、物資の運搬や人の移動にもたらす利便性のゆえである。だが交通の容易な場所が、直ちに繁華な地と目される訳ではない。なぜならメッシーナの港はナポリのそれに比べてはるかに優れたものだが、にもかかわらずナポリは、その人口を仔細に検討すれば、メッシーナの二倍もの人口を擁していることがわかるのである。カルタヘナの港はあらゆる条件において、ジェノヴァのそれを上回るものであるが、反対にその人口や富裕さのその他の条件において、ジェノヴァはカルタヘナにはるかに立ち勝っている。コトル(29)の運河以上に美しく、安全でかつ広々とした港が一体どこにあるというのだろうか。だがにもかかわらずこの地には、記憶に値するがごとき隆盛を極めた街が、未だかつて存在したことがない。

河川についてはどうだろうか。ペルーにはマラニョン川(30)という川がある。驚くべきことだがこの川は六千マイルにわたり流れており、その河口の幅は七十マイル以上に達している。他方プラタ川はそれほど長大な流れをもつものではないが、マラニョン川と比べてもよりいっそう豊富な水をたたえている。そしてその河口の幅は、百五十マイルに達するという。新フランスの地にはカナダ川〔現在のセント・ローレンス川〕が流れているが、その河口の幅は三十五マイルに及んでいる。アフリカにも大河が数多く存在している。セネガル川、ギニア川そしてまた近年アンゴラ王国の地で発見されたクアンザ川などである。この最後の川はその河口の幅三十五マイルに及ぶにもかかわらず、その近辺には目立った集落が存在しない。むしろクアンザ川流域地域では、蛮人どもは洞窟や木の洞の中で、エビやカニとなれ親しんで暮らしており、こうしたエビやカニもまた彼らにたいそうよくなついているのだ(31)。アジアにはメナム川――それは現地の言葉で〈水の母〉を意味している――や二千マイル以上にわたり航行可能なメコン川あるいはインダス川その他の大河があるが、オビ川流域を除けばこれらの川の流域には、実に数多くの人間が居住している。このオビ川という川は比類を絶して巨大な川であるが、それというのもこの川が八十マイルもの川幅でスキタイ海(32)に流れ込んでいるからである(このことは何人かの人々に、カスピ海がこの川を通じて大洋にその水を注いでいるのではないかと、想像させたほどのものであった)。さてもし交通の利便が都市の隆盛の直接の原因となるのであるなら、なぜ同一の河川の川岸のある都市は別のある都市に比べ、いっそう巨大になるのだろうか。物資の流通の容易さだけではその十分な説明とはならないことは明らかである。このことに加えて、ある場所以上に別のある場所に物資を引き寄せる何らかの誘因が必要となる。

第二巻

一

ここまで我々は都市の場所の便宜性や都市の肥沃さ、交通の容易さなどについて論議を重ねてきた。続いて以下においては、元来どこにいようと意に介さないはずの人間が、別の場所以上にある場所において活動したり、また別の場所以上にある場所に物資が流入するようになる、その原因を考察することとしたい。そこで我々はまずこの問題について、ローマ人が行なった独自の方法について言及し、さらに彼らとほかの民族に共通の方法について取り上げることとしよう。

二　ローマ人固有の方法

ローマ人により採用された第一の施策は、避難場所を提供し、外国人たちが自由にそこに逃げ込めるようにしたことである。というのもこの時代ローマ近隣の各地は僭主どもの虐政の下におかれ、その結果これらの地域は被追放者で満ちていたからである。そこでローマはその国内に享受される安全という恩恵を、こうした被追放者たちに提供することにより彼らを引き寄せ、自国の人口を増大させることに成功したのである(1)。郷里を捨て去ることを余儀なくされたり、祖国において平安な暮らしを享受できない人々が、事実ローマに多数到来したことからも、このことには疑う余地がない。そしてその結果この新参者たちには、人口を増殖させるのに必要な妻となる女性が不足してくるようになった。この問題を解消するためにローマの王ロムルスは、盛大なる祭りの開催を布告し、そこにやってきた娘たちの大半を誘拐してしまったのであった(2)。それゆえ女の誘拐をしてのけるような獰猛な連中から、ローマ人という、かくも強壮な民族が誕生したとしても、決して驚くべきことではないだろう。

似たような方法ではあるが、もっと怠惰でかつまたいっそう忌まわしいやり方で、今日その人口を増大させたのがスイスのジュネーブ(3)である。というのも、この地はその正統な領主に反旗を翻したうえに、カトリック教会から、換言すればイエスご自身から己を分離させ、離教者どもや自身の郷里で平和に暮らすことを望まぬ者どもの隠れ家をつくりあげているからだ。こうした輩はジュネーブのごとき安全地帯に逃げ込み、そこを巣窟としているのである。しばらく前には、ライン宮中伯家の一人カジミール(4)もまた、ありとあらゆる種類の人々や、とりわけ異端者どもを受け入れることによって、その土地の人口をかなり増大させた。そこには背教者の集団が存在し、あらゆる不信心者の氾濫がある。したがって彼の領土はジュネーブの場合と同様、諸都市のうちでも不適切な場所として、我々に記憶されるべき場所と言えよう。トスカーナ大公コジモ一世はポルト・フェライオ(5)の街の人口を増加させるため、彼らに対して安全を保証してやることにより、多数の被追放者を招き寄せた。その子たるフランチェスコ大公(6)もピサやリヴォルノの人口を増大させるべく、父の施策を模倣している。

だが先に我々が論じたごとく、都市が繁華となり成長して行くにあたっては、暴力による強制や必然性に頼ることだけでは不十分である。なぜなら強制の結果ある場所に滞在している人間たちは、そこにしっかり根付くことのない、砂の中に播かれた種(7)のようなものにすぎない。だがここではいったん避難場所という問題に立ち戻ることにしよう。よく制御された自由や外部に対する適切な開放性というものが、ある土地の人口増大に効果を発揮することは否定できない。まさにそのことゆえに自由な都市は通常、他の諸条件が同一である場合、諸君主や君主政体の下に支配されている都市に比べ、いっそう繁華となるものである(8)。

ローマが成長した第二の理由は、〈同盟市〉とも称されるローマに対し然るべき功績のあった地方に対して、ローマの市民権を付与したり、公職選挙に関与させたりしたことにある。なぜならローマ市民の身分を保障され、それに伴う広範な特権を享受することの栄誉は、この共和国に対する依存や愛着そして奉仕のゆえに、この共和国において何がしかの官位を待望し得るあらゆる者たちを、この都市に集結せしめたのである。加えてまたこのような高い野心を持たない場合でも、このような権利を持った人々は、少なくとも自身の投票権の行使を通じて、己が親族や友人あるいは保護者でかかる野心を抱く者たちを支援すべく、この都市にやってきた。かくしてローマは彼らに付与された部分的あるいは一般的な市民権に由来する栄誉によって飾られた、高貴で有能な数限りない人々の流入により、ますます繁華富裕の地となったのである。

ローマが成長した第三の理由としては、これをローマ人たちが人々の好奇心の素材を継続的に提供したことに求めることができよう。こうした素材とは、彼らがローマにおいて行なった、多数の驚くべき事柄のことに他ならない。すなわち戦勝をおさめた将軍たちの凱旋式、驚異の的たる建造物、模擬海戦、剣闘士試合、珍奇な動物たちの狩猟、公的饗宴、アポリナーリ競技(9)などの聖俗のさまざまの行事のことである。これらの行事は言語を絶した豪奢な装飾等々をもって施行され、それを目当てに多数の物見高い人々がローマを訪れることとなった。そしてこのような魅惑的な行事が日毎に絶えることなく催されたため、ローマは外国人によって日々充満していたのである。

三　植民市について

植民市に関しては国家の人口増大政策上、これをどう評価するべきだろうか。植民市の存在はローマの発展に寄与したのか否か。私の考えによれば、それがローマの権勢の増大に寄与したことは疑う余地がない。植民市の存在が、都市ローマの人口の増大そのものに貢献したかどうかということに議論を限定した場合、従来から少なからず疑問が呈されてきた。だが私は植民市の存在は、結局は人口の増大のためにも大いに役立つものだと判断する。植民市に拠出すべき人数を捻出するため、都市の人口は増大するというよりむしろ減少してしまうのではないかと多くの読者が思われることであろう。実際に生じるのは反対の現象である。

植物はそれが当初に播種された苗床ではよく成長せず、ましてや増殖することもない。むしろより広闊な場所に移植される方がいっそうよく成長し、増殖の成果も上がるのだ。同様に人間というものも彼らが郷里とは異なる場所に派遣された場合と比較した時、彼が誕生した都市の閉域に取り残されたままでは、容易に成長、増殖することができない。なぜなら時にペストやその他の伝染病が人口を激減させる要因となるし、飢饉やその他の原因による食料の欠乏が、人々に転居を余儀なくさせる場合もある。また時には外国との戦争が最も勇敢な人々をその犠牲として、この世から取り去ってしまうこともあれば、また他方では内戦が最も温和な人々をすら、その故郷から追い出してしまうことになる。また貧困やその他の生活上の困難が多くの人々に、結婚し子供をもうける気持ちや手段を失わせてしまうこともある。

さてこうした理由から、ローマに留まったままでは多くの人々が、死んでしまったり逃散を余儀なくされたり、また所帯を持つこともできず、その結果として子孫を欠くこととなってしまったことだろう。だが進んで他郷に赴くことにした結果、彼らはこうした危険を回避することができ、植民市において住居や地所に恵まれ、結婚し子をもうけることが叶ったのである。かくして植民に出た結果、彼らはその数を増大させ、十人が百人に増えることとなった。だがある者は言うであろう、だから何なのかと。植民市に送り出された連中は、彼らが郷里にいた際に国家が繁栄することに貢献しなかった連中であるに過ぎない。だとすれば彼らが郷外に出たときに、いったいどのようにして国家の繁栄に貢献しうるというのであろうか。それがなぜかと言えば第一に、諸植民市はその母市とさながら一体をなしているかのごとき存在だからである。加えるに、様々の手段を通じ補強されるべき、これらの植民市の母市に対する愛と依存のためである。さらに付け加えれば、最も大きな力量を有する者や財にゆとりのある者を母市に引き寄せる、富と栄誉において一段の上昇を達成しようとする欲求と希望を忘れてはなるまい。

これらを通じて母市は植民市の存在を媒介に、一段と人口多くまた経済的にも豊かになることができるに違いない。さながら幹から生える若木《ひこばえ》のごとくアルバ・ロンガ(10)から分岐した三十の植民市が、そしてまたローマが自身の外に作り出した多くの植民市が、この二つの母市に壮大さや偉大さを与えたことを、いったい誰が否定できるだろうか。そしてまたリスボンから外に出て、そこに居住しそこを耕作するためにアゾレス諸島やヴェルデ岬、マデイラ諸島やその他の地に赴いたポルトガル人たちは、彼らがこれらの地に移住しなかった場合以上に、リスボンが都市として大をなすのに貢献してはいないだろうか。だが植民市がその母市を成長させる場合、その両者が互いに隣接していなければならないということは確かである。さもなければ相互間の距離のゆえに植民市の母市に対する愛は薄れ、お互いの交通は途絶してしまうことだろう。だからローマ人たちは六百年にわたって、いかなる植民市をもイタリア外に創建することはなかった。彼らがイタリア外に最初に創建した植民市は、私が『国家理性論』第六巻の植民市の章に詳細に語ったように(11)、カルタゴとナルボンヌである。

ここまで語ってきた様々の方策こそが、ローマ人たちが彼らの都市に人々を惹き寄せた独特の方法に他ならない。続いて以下においてはローマ人と他の民族が共通して用いた、国家繁栄の手段について語ることとしよう。それを宗教から始めることは故なきことではない。なぜならこのことは、我々全ての活動の首位に立つものから議論を着手するということに他ならないからである。

四　宗教について

宗教あるいは神の崇拝は、人間とその行為の大半がそれにかかわる、不可欠にして重要なものである。この点において他の都市に優って高い権威や名声を有する都市は、その繁栄という点においても多大な利点を有することとなる。プリニウスも記す通りエルサレムは東方第一の都市であった[12]。それはまさに宗教のおかげであった。この都市はユダヤ王国第一の都市であるに劣らず、彼らの宗教の中心地でもあったのだ。そこには大祭司や祭司たちそしてまたレビ族の輩が居住していた。そこでは犠牲獣の燔祭やその他の奉献の行事がなされ、また神への崇敬の業が行なわれていた[13]。年に三回、ユダヤ人民の大半がそこに参詣したのである。それゆえフラヴィウス・ヨセフスはティトゥス帝がこの都を包囲攻撃した時、市内に二五〇万人の人間がいたと勘定していたのである[14]。このことは、この都の周囲が四マイルをわずかに超えるばかりに過ぎないことを考えれば、信じがたいこととは言わぬまでも、まことに驚くべきことであった。だがこれは実に、この都のことをよく知りかつまた虚言をなす理由をもたない人のいう言葉なのである。

イスラエル王に選出されたヤロブアム[15]は、その臣民が宗教儀礼と犠牲の奉献の業なしに生きていくことはできないことをよく見抜いていた。とはいえ彼らが犠牲祭ゆえにエルサレムに参詣すれば、ユダ族を治めるダヴィデ王家に、彼らが再度帰順してしまうことは火を見るよりも明らかであった。そこで彼は即位する否や、従来の教えを排除して偶像崇拝を導入することにした。彼は黄金の雄牛の像を二頭作らせ、それを彼の王国の両極に置いて人民に告げた。「あなたたちはもはやエルサレムに上る必要はない。見よ、イスラエルよ、これがあなたをエジプトから導き上ったあなたの神である」(16)と。

宗教は都市を成長させ、領土を拡大するのに実に有効なものであり、美徳を涵養するものである。それゆえイスラエル王ヤロブアムはユダ王レハブアムとの対抗上、その臣下に対する宗教的魅力において引けを取らぬようにしなければならなかった。その結果ヤロブアムは邪悪なことながら、敬虔なる場所に偶像崇拝を導入することにしたのである。彼こそは国家の統治のために、法や神へのふさわしい崇敬を蹂躙し、のみならずそのような実例を他の者たちに教示した最初の人物に他ならない。それは邪悪であるに劣らず実に愚かなことであった。思慮とか国家理性とかをもっぱらにするこうした輩は、臣民を君主の膝下にしっかりと抑え込んでおく手段の案出にあたり、人間的理性が神的理性に優るものだと考えているのである。蛆虫のごときものとしか思えぬ存在の思いつきを、至聖至大なる御神の好意に優るものだと思い込んでいるのである。

このような連中こそが王国の荒廃の、王国の疫病の、キリスト教世界の醜聞となる存在なのであり、普遍教会《カトリック》に対する――それ以上に御神に対する――共謀せる敵対者となる輩である。こうした連中は古の巨人どもに倣って、新しいバベルの塔を築こうとしているのだ。そしてこの仕業は彼らにとって、古人にとってと同様に、混乱と荒廃しかもたらすことはないだろう。「天に住まいする方は彼らを笑い者とし、主は彼らを嘲笑う[17]」とある通りである。君主たちよ！　ファラオの顧問官たちについて預言者イザヤが語る言葉を聞け。「ファラオの賢明なる顧問官たちは愚かな献言を行ない、その民草のよりどころたるエジプトを誤らせる。主は彼らのただなかに眩暈の感情を吹き込んで、彼らのあらゆる業において彼らを混乱させる。あたかも泥酔し吐き気を催している者が、ふらふらと彷徨うように[18]」。

もしこの個所に同意するなら、私は、諸国の喪失とキリスト教諸侯の失墜の大半は、彼らのこうした悪しき行ないに由来するのだということを苦もなく示唆できる。そしてかかる悪しき行ないにより我々は、《神》の守護や恩恵を失ってしまうに至るのである。その結果として我々はトルコ人やカルヴァン派の連中の手中に、我々に対する聖なる正義の武器や鞭を握らせてしまうことになるのだ[19]。だがここではかかる国家理性に従い《神》の法を蔑ろにする君主たちに対して、彼らの師であるヤロブアムを反面教師とすべきだと申し上げたい。すなわち、この王の不敬虔な行為を模倣する君主たちに、その報いとして彼がいかなる結末を迎えたかを知り、神を恐れ畏むよう勧めたいのである[20]。《神》は彼の子ナダブを見捨てバシャをイスラエルの王に挙げ、後者は前者とその係累をことごとく殺害した。「彼はその一族の一人まで生かしておくことなく、それをことごとく絶ち尽くした[21]」のであった。だがここで我々は我々自身の主題に立ち戻ることとしよう。

宗教に関する様々の要素が、土地の人口の増加にとり大変大きな刺激となる。こうした要素とはすなわち名高い聖遺物や、聖なる奇跡に関する刮目すべき表徴、あるいは教会の統治や管理にかかわる何らかの権威ある機関の存在に他ならない。イタリアのロレートやフランスのサン・ミッシェル、スペインのグァダルーペやモンセラート、コンポステラその他多くの場所が、このことを証している。その寂寥さや荒涼さにもかかわらず、その峻険さや岩がちの地形にもかかわらず、まさに神に対する信心のゆえに（悪魔やその手先であるカルヴァン派の連中の妨害をものともせず）、また神に対する敬虔さのゆえに、遠くの国から無数の人々が日々こうした土地を訪れているのだ[22]。

至高善たる《神》以上に人間の魂を引き寄せるに有効なものはないのであるから、このことは別に驚くほどのことではない。《神》は命あるもの命無きもの全てのものの究極の目的として、絶え間なく渇望され追求されるものである。軽量のものは高きところに浮上し、重量あるものは大地の中心へと沈降することによって、諸天体は己が周囲を回転し、草花は花を咲かせ、木々は実を稔らせ、獣は増殖し、人間は魂の満足や幸福を追いかけることによって、それぞれのやり方で《神》の存在を追い求めるのである。とはいえ神はその本質としては隠されたものであるから、感覚はかかる神の本質を照らし出すに至ることはないし、知性はかかる《神》の本質を受け止め切ることができない。だから個々の事物はかかる《神》がその力の何がしかの痕跡を残す場所へと、その臨在の何がしかの痕跡を示す場所へと己を向けることとなるのだ。そして通常かかる神の痕跡は山上とか砂漠において見出されてきたし、また今日も見出されている。そもそもローマ自体がその繁栄の源を、殉教者たちの流した血や聖人たちの聖遺物、場所の聖性や祝別されたあるいは聖なる事物の備えるその崇高なる権威に依存しているのではないのか。もしその場所が有するに至った聖性がそこに世界の果てからすら無数の人間を引き寄せることがなかったなら、もし使徒の聖座や天国の鍵の権能が、それを必要とする数限りない人々をそこに結集させることがなかったなら、ローマは砂漠あるいは人里離れた荒涼たる場所でしかなかったのではないか。

極めて重要な都市であるミラノは、それが偉大なボッロメーオ枢機卿の敬虔さや宗教性を介して享受する光輝や成長を常に証し立てることだろう[23]。諸侯は北方の果てからすら彼を訪問すべくやってきたし、司教たちは彼らの案件をこの聖人に相談すべく四方から参集した。あらゆる民族に属する教区司祭や修道司祭たちがミラノを彼らの祖国と目した。彼らはこの聖なる方の居所をもって彼らの精神的な港と、この方の寛大さをもって彼らの精神的な支えと、またその生涯をもって普遍《カトリック》教会的訓育の曇りなき鏡と目したのであった。彼が年ごとに司教区会議をいかほどの荘厳さで開催したか、そしてまた三年ごとの教会管区会議を、いかばかりの豪奢さをもって主催したかは、筆舌に尽くしがたいほどのものである。彼はどれほどの新しい教会を建造し、古い教会を修復したことであろうか。そしてまたどれほどの教会に装飾や化粧を施し、またどれほど多くの男女の修道会を設立したことであろうか。また彼が創設した多くの青年のための寄宿神学校や入門僧のための小神学校は、数え切れぬほどである。また彼が人々の多大な福利のために、どれほど多くの種類の学問所《アカデミア》を創設したか、芸術や技芸をどれほど尊重したかもまた、計り知れぬほどのものである。これに加えてもし私が、この聖人がいかなる方法によって、聖なる信仰を布教しつつ都市を拡張せしめ、ミラノの交通量を倍加させたかを語ろうとすれば、話は尽きることがないことであろう[24]。

五　大学について

我々がその繁栄について論じている都市というものに、人々、とくに若者を惹き付けるのに有効な媒介の一つとして、大学の存在が挙げられる。というのも才華あり力量ある人物が何がしかの栄誉や名声をもって出世するには、二つの方途があるからである。それはすなわち武器による道と書物による道とである。前者は戦場において槍や剣を通じて追求される。他方後者は学問所《アカデミア》において書物と筆により追求されるのである。力量と学識を備えた意欲あふれる若人が、他の場所よりむしろ私たちの都市において目覚ましい進歩を遂げることができるよう、学問所《アカデミア》や大学がそこに存在するということは、決して等閑に付してよいようなことではない。

それはなぜかといえば、人々は栄誉や利益を求めて大いに突き動かされるものであるからである。そして学問について言えば、ある学問は人間に確実な富をもたらし、またある学問は広範な栄誉をもたらすものなのである。こうした学問所や大学がその教育施設や教師の有する利便に加え、免税措置やその他の有用な特権を享受するならば、学問所や大学は、人口増大上顕著な効果を発揮することだろう。もちろんこうした特権に伴って、あらゆる悪徳を招来するような免罪や目こぼしが学生たちに付与される訳ではない。こうした特権が提供するのは、むしろ、学生たちがより快適に学業に励むことができるような、公正さや自由である。

なぜなら、イタリアの各地の学問所《アカデミア》にはびこっているような放縦ではなく、学者を満足と幸福により充足させるがごとき、公正さや自由が付与されるべきであるということは、いうまでもないことだからである（というのも研究とは魂と肉体の多大なる努力や労苦を要するものであり、したがって古代人たちは学問の女神のことをミネルヴァと呼んだのである。(25)思索の労苦は精力と神経をすり減らすものだからであり、また辛苦に苛まれた肉体は魂をも苛むものだからに他ならない。この神経の衰弱から憂鬱症や悲哀の情が生じてしまうのである）。ところがこのイタリアの学問所《アカデミア》ではペンが懐剣に、インク壺は火薬入れに早変わりし、議論は血なまぐさい諍いに、学舎は闘技場に、そして学究の徒は剣客に早変わりしてしまうことになる。そこにあって正直さは嘲弄の的となり、羞恥の念は不名誉と目されるようになってしまった。かくしてまじめに勉強しようとする若人は、破滅すると言わぬまでも何事も成し遂げ得ないままに終わってしまう。だが

〔学問の場における〕喧嘩沙汰について触れるのはこの位にしておこう。

武器を用いた騒擾や不健全な娯楽が一掃されない限り、学問所《アカデミア》が繁栄することはあり得ない。フランス王フランソワ一世はその御代において、無数に存在したパリ大学の学究たちが清浄な空気を吸い、正しい方法で英気を涵養できるようにと、彼らに対しパリの都のセーヌ川近くの高台の地を提供した。そこにおいてこれらの学究たちは俗事に心を乱されることなく、闊達に振る舞うことができた。そこにおいて彼らは快活さをもって格闘技を行ない、障害物競走や様々の球技に、そしてまたハンマー投げや高跳び、徒競走などに興じた。こうした技は彼ら自身に負けず劣らず、それを見物するものたちをも愉しませたのである。その結果として私闘による剣戟の音は止み、カルタやサイコロを使った賭博は姿を消した。いま述べたような理由から、あなたが大学を創設せんとする都市が、健全な雰囲気を保った快活な土地柄であることが肝要となる。そこには河川や泉そして森林があることが望ましい。なぜならこれらのものがそれ自体として、学生たちを活気づけるものであることは論を俟たないからである。なかでもそこにおいて学問が花開いた古のアテネやロードス島は、かかる雰囲気をよく保持した場所であった。

ところでガレアッツォ・ヴィスコンティ(26)は重い処罰を課すことにより、自国の臣下が別の土地の大学に進

学することを禁じた最初の君主であった。彼がそのようにしたのは、外部から招き寄せた学生に加え、自国生まれの学生をその地に縛りつけることにより、パヴィアの街の名声を高め、人口繁華な街に仕立て上げようと望んでのことであった。このような方法は、他の幾人かのイタリアの君主たちに模倣された。だがこうしたやり口は、自身の臣下に対する不信に満ちたやり口であるに過ぎない。自国において己が臣下とそこに招き寄せた外国人とを取り扱う、礼節と寛大さに満ちたやり方とはすなわち、彼らに適切な消閑の楽しみを提供し、彼らに食料を十分に供給し、その特権を保護してやることに他ならない。そしてまた文筆活動を通じて彼らが栄誉を獲得する機会を開いてやったり、彼らの才華を称え、彼らのために褒賞を授けること、またとりわけ多大な名声を博している学匠を招聘することである。だから大ポンペイウスは彼が全オリエントを征服した後ロードス島を訪問した際に、この地に招聘された諸学匠が主宰する学校を表敬訪問することを、自己の威信を損なうものとは見なさなかった(27)。

だがここまで論じてきたような反論にもかかわらず、それ以上にもっともな理由からポーランド王ジグムント一世(28)は、その臣下のいかなる者であろうとも、王国外の大学に留学することを禁止した。スペインのカトリック両王も数年にわたり、同様の政策を実行した(29)。そのもっともな理由とはすなわち、国外に留学した臣下が、すでにジグムントの時代にその端緒をもち、我々の時代に北方の全地域で弊害の頂点に達した、異端派の害悪に汚染されないようにとの意に他ならない。

六　司直の法廷について

生活や栄誉、そして我々の財産は、裁判官たちの手中に握られている。なぜなら人心の荒廃により相互間の愛想の良さや慈愛の念が人々に欠けるようになれば、逆に悪意ある者の暴力や貪欲が急速に増大するようになるからである。裁判官が我々をこのような暴力や悪意から保護してくれなければ、我々の日常生活は暗礁に乗り上げてしまうことだろう。こうした理由から都市には、王の聴聞座や元老院、高等法院その他同様の類の法廷が設置されることになる。そしてこれらの法廷は必然的に、裁判長や元老院議員、弁護士や検事、請願者のごとき多数の人々が関与することなしには解決し得ない案件の処理のためと同様、正義の執行を誓願する国内の人々の殺到によっても、活況を呈することとなる。だがそれよりいっそう重要なこととは、昨今において正義もまた、金銭の介入なしには執行し難くなっているということに他ならない。金の流れ以上に人の動きを左右するものはない。鉄を自身に引き寄せる磁石の力といえども、人の耳目をあちらこちらへと振り回す金の力には及ぶべくもない。その理由はといえば、金銭は、その大地が提供するあらゆる偉大さや便宜、そして富をその内に孕むものであるからに他ならない。金銭を保有する者はこの世界から引き出されるあらゆるものを潜在的に保有しているのだと称しても過言ではあるまい。そして正義の執行に大量の金銭が必要とされることから、大都会は民事訴訟や刑事訴訟の全てを取り扱うわけではないにせよ、少なくとも重大な案件や〔下級審からの〕上訴をその管轄事項として独占することとなる。

このような正義の執行は、その本質を法的権威に依存する国家理性によって実行されるものである。そしてかかる手段を介してのみ支配者は、その臣下の生命・財産の管理人となることができるのである。だがこうした法による支配は同時に、我々が今しがた示唆したような臣民の側における利便にもかかわっている。こうしたことは世界のあらゆる地域において通用する真実であるが、とりわけローマ法の共通の慣習を通じて、裁判案件が処理される地域においてはなおさらと言える。イングランドやスコットランド、そしてとくにトルコといった諸国においては、簡潔な審理がなされ処断が即決で下される。このような土地では都市の成長に、そこが司法機関の設置される場所であるという事実は、ほとんどいかなる影響も及ぼすことはない。なんとなればある一日の午後いっぱいにわたる時間で、証言の即座の効力のもと開廷が宣せられたあげく、重大な訴訟も結審してしまうからである。これらの国では、引き延ばされて長期にわたるような訴訟沙汰などないし、司法上の煩瑣な諸手段も審理手続も法曹関係の役人も代理人も存在しない。あっと言う間に裁判が結審してしまうので、ローマ法が要求するよりはるかに少ない時間と出費と人数とで、事が片付いてしまう。

もちろん私が言いたいのは、判決を長引かせたり、法廷を際限のないものにしたりするのがよいということではない。それは既に現在の状態でも十分に長いものとなってしまっているのだ。だが司法業務が長引くことは、慎重な配慮とか、誤りを犯すまいという意図にもとづくものであるから、あだやおそろかにして良いものではない。司法業務の延引はもっともなことながら、弊害無きにしも非ずといった態のものと見るべきであろう。そういうわけで、そこで裁判が行なわれ最高裁が設置されることは、我々の都市の成長にとって非常に重大なことなのである。

七　勤勉について

すでに勤勉について我々は国家の隆盛について論じた『国家理性論』第八巻において、仔細に検討したところである。それゆえ我々は読者にその部分を参照するよう勧めたい(30)。

八　免税措置について

我々のこの時代において人民は、その貪欲によりあるいは財政上の必要に迫られて行なわれる君主たちの苛斂誅求《かれんきゅうちゅう》にあえいでいる。そのため少しでも免税の可能性が見出されるや、人民は免税措置を激しく求めることとなる。ある都市の関税や消費税が撤廃された結果、商品と人間がそこに頻繁に流入することにより、その地の市場が急速に繁盛することこそが、何にも増して人民のこうした欲求の激しさを証するものとなっている。事実昨今においてナポリはその住民に対し認められた免税措置により、その産業と人口の両面で驚くべき成長を成し遂げた。カトリック王がそこにおいて建築物の更なる増設を禁じなかったなら、ナポリはいっそう成長したことだろう。このような建築物増設に対する王の禁令は、自身の領地からの人口の流出に苦慮する豪族たちからの苦情その他の理由によるものであった。他方フランドルの諸都市はヨーロッパの都市中においても、最も多くの物品と、最も多くの人間が行き交う都市になっている。もしその理由を見出そうとするなら、かかる理由を他の何にもまして、関税の免除に求めることができるに違いない。なぜならそこに出入りする商品の取引（実際そこに出入りする取引量は計り知れないものがあるが）に際して、商人はほとんど何も支払う必要がないからである。

そこで新しい都市を建設する人は皆、人々をそこに招き寄せるため、少なくともその最初の住民に対し広範な税の減免措置を施している。加えてペスト禍に苛まれたり、戦争の惨害を蒙ったりすることにより、神により懲罰を加えられた都市を再建するため活動する支配者もまた、同様の措置を施している。三年にわたりイタリアを混乱の極みに陥れたペスト禍――それはボッカッチョにより仔細に記述されている――はかくも無慈悲なものであったため、三月から六月までのわずか三カ月の間に、フィレンツェの領内だけで十万人もの人の命をこの世から奪い去ってしまった(31)。ヴェネツィアにおいてはさらに多くの人々の命が失われてしまったため、この街はあたかも砂漠のようなありさまとなってしまった。その結果この街の執政官たちは、そこに人を再度住まわせるため、家族とともにやってきて二年にわたり居住した者すべてに、市民権を付与する法令を発布したのであった。同じくヴェネツィアの執政官たちは、そこに食料を搬入する者に免税措置の適用を約束することにより、極端な食糧不足から救われたことが幾度もあった。

九　動産を自身の財として保持することについて

我々の都市に人々を惹き寄せるためには、それが何がしかの膨大な商品を有していることもまた効果的である。こうした商品のある都市による所有は、こうした商品のすべてが産出されるか、あるいはその大半か、そうでなければその多くが産出される土地がもたらす恩恵によるものである。モルッカ産の丁子《クローブ》やシバ王国の香料、パレスティナの香油等々が、ある土地においてそのすべてが産出される実例である。他方ある土地でその大半が産出される実例としては、カリカット[32]の胡椒、セイロン島のシナモンの例が挙げられる。そして比較的多くが産出される例としては、キプロス島の塩やマデイラ島の砂糖、そしてスペインやイギリスの羊毛が挙げられよう。またこれに加えて、ある土地で別の土地において以上に多大な成功を収める、技術の発達というものがある。こうした技術の発達はそれぞれの土地の水質や、住民の繊細さ、あるいは彼らに関する摩訶不思議な秘密その他の理由から生じるのである。こうした技術の発達の実例として我々はダマスクスやシーラーズ[33]の武具、アラス[34]の絨毯、フィレンツェのラシャ、ジェノヴァのビロード、ミラノの浮き織り錦、ヴェネツィアの緋色の生地などを挙げることができよう。

この点について私は、中国においてほとんどあらゆる技術が、さまざまの理由から極めて高い水準に達しているということを語る機会を逸したくはない[35]。このような技術の隆盛の数多くの理由の中でも特に注目すべきは、父が従事した業に子もまた従事しなければならないことが義務化されている点である。その結果、大半の子供たちが父祖の業をはなから継ぐ心構えで成長し、父親の側もその子に隠し立てなく、愛情や熱意、精励や配慮を豊かに注いで彼らを教育するということになる。その結果として中国では、職人は望まれ得る最上の美と完成へと到達することができるのである。こうした中国の職人が成し遂げる美と完成は、中国からフィリピンへ、さらにはフィリピンからメキシコへ、さしてメキシコからセビリアへと廻送されたきわめてわずかの物品においても、認めることができるだろう。

他のいくつかの都市は、多くの物品がその属領で生産されたり、その都市の住民によって加工されたりするためでなく、これらの都市が陸地や近隣の海の支配権を有しているがために、何がしかの交通の主役となっている。陸地の支配権を持つ都市の例としては、新スペインやペルーの無限の富の終点に位置するセビリアが挙げられる。海洋の支配権を有する都市の例としては、そのような支配を通じてコーチン[36]の胡椒やセイロン島のシナモン、あるいはインドのその他の富を自身に引き寄せる、リスボンが挙げられよう。これらの富は彼らポルトガル人自身によってかあるいは、彼らの発給する安全許可証を持つ者によってでなければ、決してヨーロッパに廻送されることはないのである。これとほぼ同じようなやり方でヴェネツィアは九十年間にわたり、香料貿易の支配者のごとき座を占め続けていた。なぜならポルトガル人がインドを占拠する以前には、香辛料は紅海を経由してスエズへ、そしてラクダの背に乗せられてカイロへ、続いてナイル川を経て大アレクサンドリアへと運ばれた果てに、そこでヴェネツィア人により購入されていたからである。彼らはアレクサンドリアに彼らの大ガレー船団を派遣し、莫大な利潤をあげながらこれらの香辛料を、ヨーロッパのほぼ全土に分配していた。ところが今やこうした香辛料交易の流通網の大半は、リスボンに向けられている。ムーア人やトルコ人の手から奪取された香辛料は、新しいインド経路を介してポルトガル人によりリスボンへと廻送され、次いでスペイン人やフランス人やイギリス人、ついには北方地域全域の住人に売却される。このインドとの交通はかくも重大なものであるので、それだけでポルトガルが富強となり、あらゆる物資で満たされるに十分なほどなのである。

他のいくつかの都市は、多くの民族が来訪するに好都合なその立地により、商業や交通の支配者となる。こうした都市は東方におけるモルッカやホルムズがそうであるように、そしてまた北方海洋地域においてアントワープやアムステルダム、ダンツィヒやエストニアのナルヴァがそうであるように、さらにまたドイツにおいてフランクフルトやニュルンベルクがそうであるように、これらの地を旅する諸民族にとり、商館や倉庫を建設する地として役に立っている。これらの諸都市に大商人たちは自身の商館を設置するが、次いでそこには、活動の利便さゆえにこの地に招き寄せられた近隣の人々が必要とする物資が、供給されるようになった。このような活動の利便性は港の収容力や安全性、港が位置する湾や海の内懐の適当性、都市の内部あるいはその近傍を流れる航行可能な河川、湖沼や運河、平坦で安全な道路などに依存している。

ところで道路について言えば現地人の言葉でインカと称されるクスコの王が、長い歳月を費やして建設した、長さ二千マイルにも及ぶ実に快適でかつまことに平坦な、直行する二本の街道について語ることを逸するべきではないであろう。それはかの古の偉大なローマ街道にも劣らぬ代物である。峻険なる山岳が削り均されたり、深さ極まる渓谷が埋め立てられたり、恐るべき岩塊が取り除かれたりしたのを、我々はそこに見て取ることができるだろう。またこのインカ街道のあちらこちらには、樹木が列をなして植えられた。これらの樹木は影の差し伸べる涼により人を疲労から回復させ、またそこに欠けることのない小鳥たちのさえずりにより、道行く人に筆舌に尽くし難い喜びを与えている。インカ街道の敷設にあたって重視されたのはこうした心身の安らぎであって、必要な物資を豊富に備えた旅籠でもなければ、さながら競い合っているかのようにその壮麗さを賑々しくも誇示する邸宅でも、心楽しい山荘でもなければ、うきうきするような街区でも、そのほかのいろいろなその多様性により目の保養となり、その驚異により心を楽しませる自然と人工のよろずの事物でもなかったのだ。

だがここで我々の当初の議論に立ち戻れば、立地の自然の利便を心得るとともに、技術の力によりこれを適切に増大させることができる君主は、まことに称賛に値する存在である。こうした事業として我々は例えば、岸壁の設置により港の安全性を高めたり、積み荷の上げ下ろしを促進したり、海を海賊の襲撃から守護したり、河川を航行可能としたり、大量の物資を集積することができる倉庫を建設したり、道路を山岳地帯でも平原地帯でも等しく真っ直ぐ快適なものにしたりすることを挙げることができる。この点においてもまた賞賛に値するのは中国の王である。なぜなら中国の王たちは、夏に劣らず冬に人馬が容易に移動できるように、そしてまた積み荷として車馬に乗せられる商品がそこを苦もなく通行できるように、信じられないほどの額の金銭を費やして、この名高い王国のあらゆる道路を整備し、数限りない河川に架かる石造りの橋を建設し、平地を天然の岩石で舗装したのである。

この点においてイタリアの諸君主が大いに見劣りすることは、疑う余地がない。イタリア諸国にあっては、冬になれば沼地に落ち込んで馬が溺死したり、車が沈んだりすることは日常茶飯事である。それゆえ物資の流通は極めて困難となり、通常は一日で済むような旅路が、時に四苦八苦したあげく、三日あるいはそれ以上かかるものとなってしまう。またポワトゥやサントンジュ、そしてボースやブルゴーニュの例からもわかるように、イタリアに劣らずフランスの大半の地域にあっても、道路はあちこちで寸断されてしまっている。だがここはこうした名高い地域の実況検分を行なう場ではない。我々は他の議論に移ることとしよう。

十　支配権について

ある土地に繁栄をもたらす最大の要因こそが支配権に他ならない。なぜなら支配権はその地に対する他地域の従属をもたらし、他地域の従属は地域間の競争を、地域間の競争は繁栄を招来するからに他ならない。他の都市に対して支配権や君主権を有する都市には、さまざまなやり方で公私の財が流入してくる。また諸君主の大使たちや諸都市共同体の代理人たちも、そこにやってくることになる。また刑事民事を問わずさまざまな重大訴訟がそこで審理され、またさまざまな上訴がそこにおいてなされることとなる。そこでは共同体と私人たちの案件や交渉が、資格ある人々によって取り扱われ、かつまた国家の税収がそこで徴収されまた消費される。また他地域の重要で裕福な人士がそこに定住したり、あるいは短期で滞在したりしようとする。こうした一切から多大の金銭が生み出されるとともに、これらの金銭ははるか遠国から商人たちや職人たち、そしてあらゆる種類の用務や職業に従事する人たちを招き寄せるため有効に使われる。このようにして都市は建築物の壮麗さや、人口の繁多さ、あらゆる物資の豊富さを介して次第に成長して行く。都市はそこが有する支配権の大きさに比例して成長する。

何がしかの注目すべき司法管轄権を備えた、そしてまた目下において備えているあらゆる都市が、この支配領域というものをもちこれを誇示している。それは例えばピサやシエナ、ルッカやフィレンツェ、ブレシア、といった都市であるが、ブレシアの周辺属領は南北百マイル、東西四十マイルに及んでおり、肥沃極まる平野に加えて、多くの重要な渓谷やまた多くの村落や城市を領域中に含んでいるが、それらの城市はそれぞれ千戸以上の「家族」[37]を擁しており、その人口の総計はおよそ三十五万人に達する。ドイツにも同様の条件を備えた、ニュルンベルクやリューベック、そしてアウグスブルクのような都市が数多く存在するが、その多くは帝国自由都市としての資格を認められている。フランドルにおける同様の存在がゲントである。この都市は戦争ともなれば軍旗を広げて掲げるや否や、十万人の戦闘員を集結させることができる。ここではスパルタやカルタゴ、アテネやローマそしてヴェネツィアといった諸都市について語ることはすまい。ただこれらの都市はその支配権の拡大に応じて拡張されていったため、他の都市は措くとしてもカルタゴはその最盛期には周囲二十四マイルに達したし、ローマに至っては――無数の周辺村落に加えて――周囲五十マイルにも及んだのである。ローマの周辺の属領は一方ではオスティアにまで広がっており、他方においてはほとんどオルティコリ[38]に達していて、その内には数限りない村落がひしめき合っていた。だがこのあたりで他の話題に移ることにしよう。なぜならこうした点については、この後に君主の居所について語られる事柄によって再度取り上げられるからである。

十一　貴紳の居所について

イタリアの諸都市がフランスの諸都市をはじめ、ヨーロッパ各地の都市より概して大きなものであることについては、次のような決して見落とすべきではない理由がある。すなわちイタリアにおいて貴紳は都市に居住しているが、フランスにおいては〔田園地帯に位置する〕彼らの城塞に居住しているのである。この城塞とは、つまりは水を満々と湛えた堀に囲まれ、不意の襲撃に対処できるような防壁や望塔を備えた宮殿のことである。もちろんイタリアの貴紳もまた、フィレンツェやヴェネツィアそしてジェノヴァの周辺属領地帯に見られるように、山荘において豪奢な生活を送っている。こうした山荘はそこに用いられる高品質の建材と、そこに込められた工夫の卓越とにより、単に一都市にとってのみならず一王国にとっても誇りとなるような造作物である。これらの地域はそうした山荘に満ちているわけだが、にもかかわらず貴紳と邸宅という点について言えばフランスは、イタリアに比べて概していっそう豪華であるし、またその数の点においても後者を凌駕している。なぜならイタリアの貴紳はその出費やその配慮を、一部は都市に一部は周辺部の属領にと振り分けており、その上そのいっそう大きな部分を属領よりもむしろ都市へと充てているからに他ならない。だが他方フランスの貴紳は彼らの権勢を自身が所領とする属領地帯から吸い上げており、都市については ほとんど気に留めようともしない。フランスの貴紳にとって都市とは、〔宿泊するための〕旅籠がありさえすればよい場所であるにすぎない。

他方、他の国にもましてイタリアでは、都市における貴紳の住居は都市を名高いものにし、また繁華なものにする決め手となっている。それは単に彼らの一族郎党がそこにやってくるためのみならず、それ以上にこうした豪族連中自身が都会で、互いの競争意識のために鷹揚に金を使ってくれるからである。田園で貴紳は田夫野人との交流のうちに身を置き、粗末な服を身にまとっているに過ぎないが、都会では栄誉ある人々に絶えず出会い、また彼らから批評されることとなるからである。このため必然的に、都市においては建築が流行し、技芸が発達する。こうしたわけでペルーの皇帝《インカ》は己が帝都クスコにいっそうの荘厳を加えまた繁華となすために、単に地方の首長《カシケ》や有力者がそこに住むように望んだのみならず、彼らのそれぞれがそこに自身の邸宅を造営するようにと命じたのであった。そしてこれらの豪族たちが競ってこのことを行なったため、クスコは極めて短期間のうちに大きな成長をとげたのである。今日では同じようなことが、ロンバルディアの諸君主により試みられている。

またアルメニアの王ティグラネスは自身の大都ティグラノセルタ(39)を造営するにあたって、この地に移転されず他の場所に残っている財産は、これを国庫に没収するとの法令を発布して、多数の貴紳や栄誉・財産を有する人がこの地に移住するように強制した。(40)またこれこそ、ヴェネツィアがその当初において、極めて短期間に目覚ましい成長を遂げた同じ要因でもある。なぜなら今日ヴェネツィアが奇跡的に位置している小島に近隣から逃げ込んだ人々は貴族や富豪ばかりであり、彼らは自身と一緒にその財産をそこに運び込んだのであった。そしてこれらの資産を活用しつつ彼らは、この湾が提供する利便によって、航海や交易に従事し、わずかの間に近隣の島嶼や島々の支配者となった。そしてこの資産を利用して、彼らは自身の祖国を、壮麗な建築物や計り知れぬほどの宝物によって飾り立て、結果としてこの都市を今日われわれが望見し賞賛するがごとき繁栄と権勢へと導いたのである。

十二　君主の居所について

少し以前の支配権を取り上げた章[41]で我々が論じたのと同様の理由により、都市の美化とその拡大のためには、君主がそこに居住するということが極めて有効である。こうした君主の居所の壮麗さは、彼の支配権の大きさに合致する。というのも君主が居住する都市に、議会あるいは世に言うところの元老院や、最高裁判所、枢密顧問会議といった諸機関が設置されるからである。加えてそこにおいては重大なあらゆる交渉事がなされることになるのみならず、あらゆる諸侯、あらゆる重要人物、共和国や王の大使たち、従属都市の代理人たちがくまなくやってくることになる。官職や栄誉や渇望する者たちも皆そこに集まるし、国庫収入もここに集積され、またここで消費される。このことは大半の重要で評判の高い都市の実例を通じて容易に理解できる。世界最古の王国はエジプトである。そしてその歴代の王たちはその居所を、ある者はテーベに、またある者はメンフィスに置いた。かくしてこの二つの都市は刮目すべき程の壮麗さを備えるに至る。その結果ホメロスが詩的な表現で「百門の都市」と号した[42]テーベは、ディオドロスも記すように周囲十七マイルに及んだ[43]。この都は公私の多数の壮麗な建物で飾られ、多数の人間で満ちていた。それに少し劣るのがメンフィスであった。続く諸世紀にはプトレマイオス家の諸王が、アレクサンドリアに宮廷をおくようになる。

この都は数え切れぬほどの建築物や人間たち、そして名声や富に溢れかえった。そして先の二つの都市すなわちテーベとメンフィスは、エジプト王国の衰退とともにまずはカルデア人の支配下において、続いてはペルシア人の支配下において荒廃してしまい、ついにはほとんど人が住まないまでに衰えてしまった。

その後エジプトを支配したスルタンたちはアレクサンドリアを捨てて、カイロへとその居を移す。カイロはそこへの君主の転居によって、わずか数百年の間に人口繁華な都市となり、もっともなことながらその名に〈大〉と冠せられるほどの繁栄を誇ることとなった。さてスルタンどもは万が一この都市の住民が何かの拍子で彼に対して一斉に蜂起したなら、この地に住む無慮無数の人間たちのゆえに、自身の安寧が損なわれてしまうと考えた末に、都市を幅広く底深い堀によって分断してしまった。[44] その結果カイロは単一の都市であるかのようには観じられず、むしろ小さな地所の集合体に過ぎないかのように見えるのである。[45] この都市には一万六千の、あるいはアリオストの言によれば一万八千の大街区が存在している。[46] これらの街区は夜ともなれば、鉄でできた街門によって閉鎖されてしまう。この都市の周辺は八マイルであるが、この空間の中においてそれらの人々が我々と同様ののびやかで快適な生活を営んでおらず、むしろ概しては互いに押し重なるようにすし詰めになった結果、そこには無数の大衆が存在することとなった。ペストがこの都市を襲わなくなるということは、ほとんど考えられない。それどころかそれは七年ごとに目に見える形で流行し、一回の流行について三十万人以上の人を殺してしまうようなことがなければ、他愛もないものと言われてしまうだろう。［オスマン・トルコに征服される以前の］スルタンの統治時代には、一日に千人以上の人間が死なない場合、この都市は健全な状態にあると目されていた。だが、今日の世界において多大な名声を有しているカイロの都についてあまりにも語りすぎた。ここで別の主題に話題を転じよう。

古のアッシリアにおいてその諸王は、ニネヴェにその居を構えていた。それはディオドロス・シクルスの記す所によれば外周で四百八十スタディオンに及んでいたというが、それはすなわち今日の尺度に直せば六十マイルということになる。[47] またその直径は百五十スタディオンであった。この都にはとりわけたいそう大きな街区が存在していた。それらの街区については、『聖書』がニネヴェは端から端まで歩くのに三日を要すると記すほどであった。[48] カルデア人の王たちの宮廷はバビロンにあった。この都もまたヘロドトスの記す所によれば、外周四百八十スタディオンを有したという。[49] そしてこの都市の城壁は幅にして五十キュービット、高さにして二百キュービット以上あったという。

アリストテレスはこの都市の規模を一段と巨大なものと踏んでいた。なぜなら彼の記す所によれば、バビロンが〔アレクサンドロス大王に〕占領された時、この都市の一部では三日間も都市の陥落を聞き及ぶことがなかったそうだからである。[50] この都は百の城門を備え、そのすべての扉が青銅で作られていた。またそこには一つの城塞があり、その周囲は二十スタディオンに及んでいた。その住民は極めて多く、ペルシアの強大極まりない王キュロスにも反抗しようとしたほどであった。この都は女王セミラミスにより造営されたが、それを驚くばかりに拡張したのはネブカドネザル王であった。この都はその後この地方に押し寄せた、スキタイ人やその他の野蛮な民族の洪水に飲み込まれ荒廃してしまったが、イスラム教徒の教主ブジャファル[51]により再建された。彼はこの再建のために千八百万スクーディもの金を注ぎ込んだという。ジョーヴィオの書き記す所によれば、もしこれを古の城壁の総延長で比較すれば、今日にあってもこの都はローマよりも大きいという。だがその中には菜園や広大な庭園は言うに及ばず、狩猟用の森林や農作業場も含まれている[52]。

メディアの王たちはエクバタナに、ペルシアの王たちはペルセポリスに都した。この都の大きさについては、確かなことがわからず推測に頼るしかない。他方、今日のペルシアの王たちはタブリーズ[53]に都している。そして今日のペルシア帝国が以前ほど巨大でないのと同様に、彼らの首都もまた、かつてのそれに比べるとさほど大きなものではない。何人かのそれをより大きなものだという人もいるが、今日のペルシアの首都タブリーズは、全周で十六マイルと相当長いものであり、ペルシアにおける他のほとんどすべての都市と同様、その中には多数の庭園があり、また城壁をめぐらさずに済ませている。タルタリアやその他の東アジアの地域は、その地における諸君主国の強大な権勢のゆえに、都市もまた世界の他の地域と比べた場合、いっそう大きなものとなっている。タタール人は今日二つの強大な帝国を有している。すなわちタタール人のモンゴル帝国と、カタイ人のモンゴル帝国である[54]。モンゴル人は今日においては、その領域を信じ難いばかりに拡張している。なぜなら彼らの君主であるマハムード[55]は、その古の境域に充足せず、わずか数年の間にガンジス川とインダス川にはさまれた地域を占拠してしまったからである。タタール・モンゴル人の帝国の首府はサマルカンドである。この都はタルメラン〔ティムール〕により全アジアから強奪された戦利品によって、信じられないほどに飾り立てられた。

タルメランはこのアジアの地全域において、あたかも恐るべき暴風雨か破壊力に満ちた洪水でもあるかのごとく、多くの古代からの由緒正しい諸都市をなぎ倒して、無数の富をこれらの都市から運び出した。その他の事例に言及するまでもなく、ただダマスクス一都市からだけでも彼は、略奪品や選び出された動産において八千頭分もの戦利品をかき集めたのである。サマルカンドは偉大さと権勢に満ち溢れているため、いくつかの古代の記録において我々は、そこに六万頭もの馬が育成されていたことを読むことができる。だがタルメランの死後、その息子たちによってそれがいくつかの王国に分割されてしまったのと同様に、今日においても、タルメランの覇権を継承したカンベイ王国の征服者マハムードの息子たちにより等しく分割されてしまった結果、帝国の力が著しく衰弱してしまったため、サマルカンドの偉大さや壮麗さも、古に比して色褪せたものとなってしまった。

さて私はいまカンベイ王国[56]について言及したが、この王国には二つの想起すべき主要都市が存在している。そのうちの一つがカンベイで、いま一つがチトル[57]である。カンベイはその名がこの地域全体の名になるほどの、極めて巨大な都市に他ならない。幾人かの人はこの都市が、十五万の「家族」を有していると記している。そして一般にそうされるように一「家族」を五人と計算すると、この都市には八十万人をやや下回るほどの人間が住んでいると想定し得る。また他の人はそれをずっと小さな都市と見積もっているが、どちらにせよこの都市が、富強極まりない王国の多大な権勢を誇る王の都に相応しい、名高い都市であることには間違いがない。この実にカンベイの王こそ、ムガールの王マハムードに対する戦争に、五十万人の歩兵と十五万人の騎兵を動員した人物であり、この十五万人の騎兵の内でも三万人は、我々の言う所の重装騎兵としての装備を備えたものであった。一方チトルはその周囲十二マイルに及ぶ都市で、多数の壮麗な建物を有し、優雅な街区に恵まれ、悦楽に満ちた都市で、これと比肩しうる都市は他にはごく数えるほどに過ぎない。そこでこの都市はその住民たちから「天の傘」と称されるに至っている。当世この都市はクレメンティナ女王[58]

の居所であったが、上記のカンベイの王の造反の結果彼女は、一五三六年に強制的にその座を追われてしまった。

俗にカタイの大カーンと称されるカタイ・タタール人の皇帝は、その太祖にかの偉大なチンギス・カンを有している。このチンギス・カンこそはスキタイの地のアジア部分から発し、その企図の雄大さとその勇武によって、タタール人の名声を高めた最初の人物であった。なぜなら彼は中国を制圧し、インドの大半からの貢納を納めさせ、ペルシアを征服し、アジア全域を震撼させたからである。この偉大な君主の後裔たちはカンバリク(59)の都城にその宮廷を置いているが、この都は単に巨大であるのみならず大変壮麗な都である。その周辺の村落に加え都の周囲は二十八マイルに達し、その他の商品と共に中国全土から毎年、荷車にしておよそ千台分の絹がそこに運び込まれてくる。このことからもこの都市における商取引の活発さや、商業の隆盛や、工芸の多彩さや、住民の繊細優雅な生活が推し量られるのである。

さてここで話を中国に移そう。その領域の広大さにおいて、その人口の豊富さにおいて、その富の質量にわたる豊かさにおいて、中国に勝る国家は歴史上存在しなかった(ここで私が語る国家とは諸王国が一つにまとめられた国家のことである)。また中国ほど長きにわたり存在し続けた国家もない。それゆえその王たちが古より宮廷を置いた諸都市は、世界にかつて存在したあらゆる都市よりいっそう壮大なものとなっている。こうした都市を三つ挙げることができる。すなわちスンティエン、アンチン、パンチン(60)の三都市である。私が理解する限りにおいては、スンティエンがもっとも歴史ある都市であり、キンザイ(61)と呼ばれる一地域の首邑ともなっているが、この都自体が俗にこの地域名をとってキンザイと呼ばれてもいる。この都は中国の極東部に位置しており、そこに流れ込む四つの川により形成される大きな湖[62]の中にある。その四つの川のうちもっとも名高いのが、ポリサンゴ川[63]である。この湖には多数の小島が散在しているが、これらの小島はその位置の快適さと、その空気の清浄さ、そして手工芸の繁栄やそこにある諸庭園の優美さによって、とりわけ悦ばしい場所となっている。またこの湖は緑なす木々におおわれた岸辺を持ち、清澄な小川やたくさんの泉により潤い、また数多くの壮麗なる邸宅により飾られている。この湖に川が流れ込む河口は最大にして四リーグに達するが、他方いくつかの個所においては二リーグを超えることはない。

スンティエンの都市自体は河口からおよそ二十八マイル離れた地点に位置しており、その周囲は百マイルにして広々とした道路を有し、水にも土地にも不足するところがない。陸地はすべて舗装され、座るための美麗な露台で飾られている。そこに流れる運河は名のあるものだけでも十五に及び、そこには多くの壮大な橋がかけられているが、それはあまりに巨大なため、その下を多数の帆船が通行できるほどである。もっとも主要な運河はこの都を、そのおよそ半ばで断ち割っているが、その幅はおよそ一マイルにも及んでいる。そこにおよそ八十の橋が架かっているが、それはこれに勝る優美な、そしてまた快適なものがないほどの偉観である。この都市に存在する広場の壮麗さや邸宅の豪華さ、街区の美しさや住民の数えきれないばかりの多さ、商人たちの限りない競争、金銀のほかにさらには黒檀や象牙で際立つ数えきれないほどの帆船、都市に出入りする計り知れない量の物資、またこの都市に満ち溢れる娯楽の数々について語ろうとすれば、それは果てしの無い話となってしまうことだろう。ともあれこれらの事象によりこの都はまさに、「天都[64]」なるその別称に相応しい存在となっているのである。

パンチンとアンチンもまたこれに劣らぬ都市である。だが中国について言及した以上は、その地にある他の都市の巨大さについて、今日までに入手された報告に基づいて筆を及ぼすこともまた、我々の関心を引くことではあろう。[65]カンタン[66]は〔我々ヨーロッパ人には〕よく知られた町だが、別に最も大きな町の一つという訳ではない。だがこの地で盛大に交易を行なうポルトガル人の言によれば、この都市はリスボンよりも巨大なのである。リスボンと言えばコンスタンティノープルとパリを除けば、ヨーロッパでも最大の都市であるにもかかわらずだ。スーチョ[67]はといえばセビリアの三倍は大きな街だとされる。なぜならセビリアの都市の周囲が六マイルに過ぎないのに対して、スーチョのそれは十八マイルに達しているからだ。またウーチョ[68]はその大きさにおいてスーチョを上回ると言われている。

チェンチェオ[69]はどこにでもあるような街の一つであるに過ぎないが、そこを実見したアウグスティヌス会の神父たちによれば、戸数七万戸を数える都市であるという。だがこのことは決して信じ難いことではないだろう。なぜならマルコ・ポーロの報告がそれ以上のことを伝えているし、[70]さらに今日にあって中国の富裕さというこの事実は、聖俗の多くの人物そしてポルトガルという一国の手を経て、我々が日々知ることのできる情報だからである。それを否定するのは、自分が思慮深いというより愚か者であることを証明するようなものである。だが読者を楽しませせまた満足させるにあたって、中国がこれほどまでに人口多くまた壮麗な都市に満ち満ちた地であることのはっきりした理由を、これ以上追い求め続けることは決して好ましいことではないだろう。

天の恩恵により、星辰の隠微な我々に知られることなき影響により、あるいはその他の理由により、それがどのような地であれ、我々から見て極東にあたる中国というこの世界の一隅は、それが何ゆえであるかはわからぬものの、物資の生産において他の地域に勝るものを持っていると想定される。その結果他の地域には生産することができない、卓越した多くの事物が、中国都市の幸いなる街区から生み出されているのである。たとえばシナモンやナツメグ、丁子や胡椒、樟脳や白檀、乳香やアロエそしてインド白檀といった産物である。それればかりではない。洋の東西どちらにおいても産出される品物に関しても、かの地の産物は当地の産物よりずいぶん優れている。たとえば真珠や金、ダイヤモンドやエメラルドその他の貴金属の類の品質が、そのことを証拠立てている。というのも西洋産の真珠は東洋産の真珠と比較すれば、あたかも金に対する鉛のようなものでしかないし、同様にインドから伝来する胃石[71]は、ペルーからのそれにはるかに勝る品質を有するものだからである。中国は西洋から見て大地の東の果てに位置する土地であるから、この地は東方に帰される全ての完全性を享受しているのである。

第一に人間の生活に他の何にも増して重要なものは大気である。中国において大気は一般に極めて温和である。それはこの国の大半を取り巻き、また無数の入り江や湾によってその中に入り込む海の近さによるものである。またその地形は概して平坦で、日用に用いられ生活を支える品々はもちろん、あらゆる種類の精妙なる事物の生産に適した性格を有している。山や丘はあらゆる種類の樹木により絶えず覆われているが、その一部は野生のものであり、またその一部は人の手により果実を実らせる類のものである。他方平地は米や大麦、小麦そして豆類で満ちている。庭園には我々がよく知っている果物に加えて、薫り高いメロンや清雅な桃、完熟したイチジク、そしてあらゆる形の卓越した味わいのレモンやオレンジを供給している。[72]また彼らはそこから味わい深い果汁を絞り出すある種の草(73)を栽培している。それはかの地ではワインに代わって常用されるもので、彼らの健康を保ち、ワインの濫用によって我々が苦しむような病苦から彼らを解放している。

また彼らは羊をはじめとした多数の家畜の群れや、多数の鳥たちや狩猟の獲物となる獣を有している。また彼らは羊毛や高価な毛皮、綿や木綿そして途方もない量の絹に恵まれている。そこには卓越した金鉱、銀鉱そして銅鉱がある。また大変優れた真珠が生産されている。またこの国には砂糖、蜂蜜、鉛丹、大黄、樟脳、大青(74)、麝香、アロエ、キナノキがたくさんある。加えて中国産の陶磁器に比肩するものは世界のどこにもない。河川やその他あらゆる水源がこの国の諸地域を貫流しており、航行や灌漑に言葉に尽くせぬ程の利便を提供している。この国の水の中には、地上における果実に劣らぬほどたくさんの魚たちがいる。なぜならこの国の川や海がこうした生き物を数限りなく供給するからである。この国は水陸両圏にわたって大変肥沃である上に、それらの要素に対する人間の手による筆舌に尽くし難いほどの丹精がそれに注ぎ込まれている。こうした丹精によって可能な限りのものが、それらの要素から引き出されているのである。このような結果は二つの理由に基づいている。一つはこの国が有する途方もない人口による。中国の人口はおよそ六千万人と見積もられている。またいま一つの理由には、彼らが有する極端なまでの勤勉さがある。それは個々人がその菜園を耕作し、そこから収穫を引き出す点に発揮されるとともに、何者も遊惰に時を過ごさぬよう仕向け、いささかの土地といえども耕されぬままに放置されないよう取り計らう、役人たちの努力にもよっている。

技芸の発達についてはこれを弁じるまでもない。なぜなら技芸の多様性と卓越性において、中国に勝る国は存在しないからである。それはこれまた二つの理由によっている。まず一つの理由は既に触れたことではあるが、中国ではすべての人間が、なにがしかの働きをなすことを強制されているためである。目の不自由な者や手足のない者ですら、完全に能力を失ってしまったものでない限りは、何らかの生産活動に従事させられている。中国太古の王ビテイ(75)の法によれば婦女子は、その父の業に従事することを強要されている。少なくとも貴人や権門の婦女子は、糸巻棒や針を使って機織りや裁縫の業に従うよう強要されるのである。中国において技芸が発達した今一つの理由とは、子弟がその父の業を何が何でも学ぶよう、強制される点にある。その結果この国には職人が豊富に存在することとなり、また子供たちは男の子も女の子も誕生するや否や働く習慣を身に着けるからである。かくしてこの国において技芸は、その到達し得る限りの頂点に達することとなる。いかなるものも無益に捨てられてしまうことはない。水牛や普通の牛、その他の家畜の糞で養魚池の魚たちが養われる。我々が象牙を使ってそうしているのと同じように彼らは、犬やその他の生き物の骨を利用して彫刻を行なっている。襤褸《ぼろ》切れを利用して紙が作られる。

中国においては大地が産する収穫と人間の働きの量と多様性がかくも多大なものであるため、この国においては他の何物も必要としないほどである。それは他のいかなる国と比べても多大な生産力を、この国に授けている。それは他の事物について述べるまでもなく、絹の量がこれを実証している。中国において生産される絹の量は、信じられない程のものである。絹は中国からポルトガル領インドに向けて、年に三千キンタル(76)も輸出されている。フィリピンに向けては輸送船十五隻分、さらには日本やカタイの地に向けても、信じ難いばかりの分量の絹が輸送されている。それはカンバリク[77]の都に運び込まれる絹の量について、先に我々が論じたことからも推し量られる通りである。中国人たちは、彼らの産物を大量に生産されるがゆえに実に廉価に販売しているが、それはこうした中国製品を、彼ら中国人が自身の品物を持ち込むフィリピン群島に、買い求めにやってくる新スペインの商人たちが感嘆するほどのものなのだ。その結果としてフィリピンとの交易は、カトリック王陛下にとっても有益というより不利益の多いものとなってしまった。なぜなら中国産品の質の良さによって、従来スペイン産品を消費してきたメキシコの住民たちが、こぞってフィリピンにやってくるようになってしまったからである。だが偶像崇拝の恐るべき暗闇に囚われているこれらの人々を、こうした経路を通じて手なずけ、我々の聖なる教えに導き、カトリック教会の懐に迎え入れんがため、カトリック王陛下はこのような不利益を意にも介されないのである。

ここまで述べてきたことから、その自然条件とその住民の努力の双方により、中国がいかにしてその無限の民に生計の糧を与えているかがわかるし、結果としてそこに世上に語られるごとく多数の人民が居住していることも納得できよう。私はここで中国がこのような条件を享受するに至った要因として、さらに次の二つのことを付け加えたいと思う。すなわち中国の王には新領土獲得のための戦争が許されてはおらず、もっぱらこれまでの領域を防衛するための戦争だけが許可されているからである。その結果としてこの国は、永遠の平和を享受しているのである。平和以上に国家を豊かにする要因があるだろうか。いま一つの理由とはすなわち、司政官たちの許可なくして、中国人が国外に出るのは許されないことが挙げられる。かくして人間が国外に流出しないため人口が継続的に増大してきた結果、中国に住む人間の数は量り知れない程となり、その諸都市は巨大化しその領土は限りのないものとなった。それどころかいまや中国は、全体として一つの巨大な都市を形作っているのである。

我々イタリア人は自惚れが過ぎ、また我々自身の国の礼讃者でありすぎるため、おのずから夜郎自大なものとなってしまう。イタリアの地勢は南北に長く東西に狭い。そしてこのためアペニン山脈によって東西に両断されてしまっている。結果として航行可能な河川は極めて稀となり、大都市は存在することができない。イタリアの河川がガンジス川やメナム川、メコン川その他のアジアの大河川に匹敵するものだなどとは、とても言えたものではない。またティレニア海やアドリア海が大洋に匹敵するような代物だと、言えるはずもない。その結果として我々の交易はカンタンやマラッカ、カリカットやホルムズ、リスボンやセビリアその他大洋に面した市場に比べて、とてもささやかなものであるに過ぎない。さらに付け加えるならマホメット教徒どもと我々の間にある敵対関係が、我々から対アフリカ交易のすべてと東方交易の大半の利を失わせてしまっている。我々のイタリアの最良の部分ともいえるナポリ王国とミラノ公国はカトリック王の支配下にあり、残余の国々は決して大国ではない。そのためその首都もまた大した都市ではないのである。だが我々はここでその議論を、その出発点に引き戻すべきであろう。

君主の居所となるということは大変な効果を持つ事柄であるから、ただこのことだけで都市が一挙に形成されるに足りるのである。フランチェスコ・アルヴァレス[78]の言によればエチオピアにおいては、この国が非常に広大であるため一つで千六百戸を超える集落は全くないという。それどころか千六百戸という水準に達する集落すら、極めてわずかしかない。そのためエチオピア人が大ネグス[79]と称し、我々が誤ってプレスター・ジョン[80]と見なすところのこの国の王は、一定の居所を持つことがない。したがってエチオピアの王はその宮廷の所在地に、他の国の首府となる大都会に代わる機能を果たさせるのである。かくしてその場所がどこであろうと、この王が一時的に居を定める場所には、国中から集まった多数の天幕や楼閣がひしめき合うこととなる。他方アジアにおいてなにがしかの注目に値する都市はすべて、諸侯の居所となっている都市である。ダマスクス、アンティオキア、アンカラ、トレビゾンド、ブルサ[81]、エルサレムなどがこれにあたる。

だがここでは我々のヨーロッパに話を移そう。帝都の座の移行はローマを縮小させ、代わってコンスタンティノープルを繁栄させたが、この隆盛は今日でもこの都がトルコの大君主の居所であることにより維持されている。この都は世界において最も美しく、また最も便利な場所に位置している。それはヨーロッパに位置しているが、アジアの地からも四百歩とは離れてはいない。それはエウシノ海とプロポントゥス海[82]という二つの海を支配下におさめている。前者はその周囲二千七百マイルに及び、後者は長さ二百マイルにわたって広がり、多島海[83]に達している。この地域の天候はさして荒れるものではないため航海に差し支えることはほとんどないから、このコンスタンティノープルという繁華な都に、これら二つの海域から物資を運び込むことは容易である。もしそこに航海可能な相応の河川があったなら、この都に欠けるものは何一つなかったことだろう。この都は周囲十三マイルであるが、この範囲の中に七十万人の人間が居住している。だが三年ごとにこの都では黒死病がはやり、たくさんの人間が死んでいる。そしてこうした周期的な黒死病の流行はやむことがない。だからかかる惨事が、エジプトのカイロを七年ごとに襲うのと同様にこの都を、そこが健康上極めて適切な場所であるにもかかわらず、さながら猩紅熱ででもあるかのように、三年ごとに周期的に襲う理由を考察することは価値のあることだと言えよう。だがそれは他の機会に、そしてまたより高い才覚を持つ人に譲ることとしよう。

コンスタンティノープルには七つの丘が存在する(84)。東方に面した海岸上にトルコの大君主の宮城(85)がある。その宮城を包む城壁は三マイルに及んでいる。またそこには百三十基の台座を備えた海軍工廠も存在する。その立地の美しさからも、その港の快適さの上でも、海との接続の利便性の上でも、その住民の数からいっても、その交通の繁華なことから見ても、そしてまたその地がトルコ大君主の居所である点からいっても、コンスタンティノープルはヨーロッパの諸都市中、第一等の地位を占めている。なぜならトルコ大君主の宮廷はそれだけで、歩騎兵合わせて三万人の兵士を抱えているからである。新たに一国の首府となったアフリカのアルジェは、そのために多数の人口を擁するようになっている。ティレミス(86)はその最盛期において一万六千戸を有していた。チュニスは九千戸である。モロッコには十万人の人間が住んでいる。今日アフリカにおいて最も強盛な君主の座所たるフェズ(87)には七万五千人が住んでいる。

キリスト教諸国（私はこれを多数の肢体を持つ一体のものとして語っている訳だが）のなかにおいて、最も強大で最も多数の人口を有し、最も富裕な国といえばフランスに他ならない。なぜならこの国には二万七千もの小教区があり、千五百万以上の人間が居住しているからだ。そのうえこの国はその他の国が比肩することがかなわない程、自然の恵みによって極めて肥沃であり、また人間の営為によって極めて豊穣となっている。この国の国王の居所はその昔からパリであった。このためパリはキリスト教世界において最大の都市となっている。この都の周囲は十二マイルで、その内部には四十五万人の人間が居住している。これらの人々は膨大な量の食料により養われ、またそれを見たことがない人には信じられないほど多量なあらゆる物資の流入により、彼らの生活は支えられている。イングランド王国、ナポリ王国、ポルトガル王国、ボヘミア王国、フランドル伯領、ミラノ公国——これらの国々はその領土の大きさやその勢力の点から見て、ほぼ対等の国々である。したがってこれらの国々において君主が居所を定める都市の大きさや豊かさもまた、ほぼ対等である。このような君主の居所となっている都市とはすなわちロンドン、ナポリ、リスボン、プラハ、ミラノ、ゲントといった諸都市である。これらの都市はそれぞれおおよそ十六万人ほどの人口を擁している。エチオピアやインド、ブラジルとの交通がリスボンを他の都市より、いっそう大きな都市となしていることは事実である。またロンドンの繁栄は、イングランドの競争相手である低地地方に生じた革命のおかげを蒙っている。この三十年来ナポリもまた同様に成長してきた(88)。

一方スペインにはさして大きな都市は存在していない。その原因はといえば一つには、この国が昨今まで実はいくつかの小王国に分割されてきたからであるし、またそれを利用して大量の人間を養うための食料を一カ所に集めることができるような、河川や水源に乏しいためでもある。だがスペインにも他に比べよりいっそうの名声を博し壮麗さを誇る都市があるが、それらはバルセロナやサラマンカ、バレンシアやコルドバ、トレドやブルゴス、レオンといったような古来の王国がその居所を定めた都市に他ならない。これらの都市は美しい都市でありまた多くの人口を有してはいるが、それでもイタリアの第二級の都市を超えるものではない。これらの都市に加えてスペインにはグラナダがある。これはムーア人が多年にわたりそこを治め、多くの華麗な建造物でそれを装飾した都市である。この都市は半ば山岳地に半ば平地に位置している。この都市の山岳部分には互いに独立した三つの丘がある。そしてグラナダにはあらゆる種類の豊かな水源があるが、この都市の快適極まりない属領地帯はこうした水源によって潤わされている。グラナダの属領地帯に他の比肩を許さぬほど多数の人間が住み、耕作しているのもまたこの水源の存在による。セビリアは新大陸の発見以後、急速なる成長を遂げてきた。というのもこの都市が、新大陸からヨーロッパに年ごとに多大の財宝を運び込む輸送船の中継地となったからである。セビリアの都市の周囲は六マイルに達しており、そこに八万以上の人間が居住している。この都市はベティス川の、あるいは我々がそう呼ぶところのグアダラヒル川の左岸に位置している。そこにはこの都市を飾る多数の華麗な教会や豪奢な邸宅がある。その周囲の属領地域は快適であるとともに肥沃である。バリャドリッドは都市ではないが、カトリック王が長年にわたりそこに居所を置いたため、スペインのもっとも繁華な都市群に匹敵する土地となっている。それはフェリペ二世がそこに宮廷を置いたためマドリッドが大いに成長し、また発展し続けているのと軌を一にする。マドリッドに宮廷が置かれたということが、その地の発展にたいそう効果的だったため、そこがさして肥沃な地でもなく、その周辺属領も快適とは言えないにもかかわらず、その地に多数の人間が惹き寄せられ、ついにはそれを一寒村から、スペインにおいてももっとも人口繁多な土地へと変貌せしめたのである。

クラクフとヴィリニュス(89)はポーランド人たちにとって、最も多数の人口を擁する都市である。その理由は主に前者がポーランドの諸公たちの、後者がリトアニアの大公たちの居所となったからに他ならない。モスクワ人たちの帝国にあっては、三つの大都会が存在している。すなわちウラジーミル、大ノヴゴロドそしてモスクワ(90)である。これらの都市が大都会なのもまた、それがすべて大領国の大公や元首の居所となっているからに他ならない。今日にあって最も著名なのは言うまでもなくモスクワである。それはこの地にモスクワ大公が居所を置いているからである。それは南北に長々と五マイルにわたって広がっているが、その東西の幅はたいしたものではない。またそこにはこの君主の宮廷と邸宅として利用される大城郭[91]が付設されている。そこには多数の人間が住んでいるため、ある人に言わせればモスクワはヨーロッパにおける第一級の規模を誇る四大都市の一つであるとのことである。彼らに言わせればこの四大都市とはモスクワ、コンスタンティノープル、パリそしてリスボンである。

シチリアにおいて最も大きな都市は古来よりシラクサであった。この都市はキケロも書き記したように四つの街区に分けられているため、あたかも四つの繁栄した都市によって構成されているようなものとなっている。この都市の繁栄の要因もまた、この地を支配した王や僭主たちがここに住んだからに他ならない。だが異教徒どもの侵攻の結果アフリカとの通商が断絶してしまったことにより、王の居所はシラクサよりパレルモに移転することとなった。そのためパレルモがこれ以後次第に成長していったのに対して、シラクサはこれと反比例に衰退することとなる。パレルモは今日、イタリア本土の第二級の都市に匹敵するものとなっている。この都市は多くの美麗なる教会や邸宅に飾られるのみならず、古のサラセン人どもが残した建造物の遺跡を有している。だがこの都市について最も着目すべきは、近年に生じた二つの事柄である。一つはすなわちその道路[92]である。それは真っすぐな長く広くまた入念に建設された都市を貫通する道路で、これに匹敵するものを私はイタリアの他のいかなる都市においても知ることができない。いま一つは巨額の投資のもとに建設された大防波堤であって、その効果によりこの都市は極めて利便性の良い港を持つこととなった。

それはまことに、古代ローマ人のそれに比すべき豪胆さに裏打ちされた大工事[93]であった。

　だが君主の居住が都市の成長にどれほど重大な要因であるかを証明するため、世界の別の地域に目を向けた場合、いったいどのようなことが言えるであろうか。もし教皇聖下がそこに居を定められず、その結果として各国の大使たちや高位聖職者たち、そして諸君主たちがこの地に競って参集することにより、この地が盛大となるということがなければ、ローマは都市というより単なる荒れ地と化してしまったことだろう。聖下の権威とその聖断を求める世界中の数限りない人々が、このローマにやってくるということがなかったなら。そしてまたこの都を飾り立てる建造物や古代の水道橋、泉水や道路の壮麗さがなかったなら。もし教会の収入の大半が、ローマにおける聖俗の儀礼に用いられる数多《あまた》の労役に費やされることがなかったなら。そしてまたこうした事業により多数の商人たちや売り子たち、職人たちや労務者たちが、その他の教会に奉仕する者たちがこの地に引き寄せられ、その滞在を享受することがなかったなら。もしそうであるならローマは都市であることから転がり落ち、やはり単なる荒れ地となってしまったに違いない。

第三巻

一

人間の多さは混乱を生み出すだけのことであるから、多数の人間がいるところでは法や市民的訓育が容易には維持され難い、と見て取った古代の都市建設者たちは、それ以上となってしまえば、彼らがその都市において死守しようとした秩序や様態を保つことができないと判断する限界数以内に、市民の数を限定したのであった。リュクルゴスやソロン、アリストテレスはまさにそうした都市建設者たちであった(1)。だがローマ人たちは彼らとは反対に、国力の大半は人口に基づくものであると考え（多数の人口なくして都市は長くは存続し得ないのだ）、祖国の人口を増大せしめるべくありとあらゆる手を打った。それについて我々は本書の前の部分(2)でも論じておいたし、拙著『国家理性論』にも十分に論じつくしておいたつもりである(3)。もしこの世が道理によって支配され、かつまた各人が己に当然帰するものに自足しているのであれば、先に挙げたリュクルゴスをはじめとする古代の立法者たちの、人口は限定すべきであるという判断もまた恐らく、傾聴に値するものであったことだろう。

だが経験は我々に、人間性の腐敗のゆえに力が道理に優越すること、そしてまた武力が法に全面的に優先することを教えてくれる。また同じく経験は我々に対して、人口を可能な限り増やさねばならないというローマ人の見解が、人口は限定されるべきであるというギリシア人のそれより、いっそう望ましいものであるということを教えてくれている。(4)それどころか我々は、アテネ人もスパルタ人も(他のギリシアの諸共和国は言わずもがなのことであるが)わずか千七百人の市民を失うという、ささやかな不幸によって破滅してしまったのに対し、ローマ人がその個々の戦闘行為の大半において敗北を喫しながらも、最終的勝利をかちとり続けたことをも知っている。なぜならピュロスやカルタゴ人たちとの戦争、そしてヌマンティア戦争やヴィリアトゥスやセルトリウスとの戦争(5)その他において、たとえ敵の戦死者との数的比較を行なわないとしても、ローマ軍自体の側においてすら生き残った者よりも、死んだ者の数の方がはるかに多いことは明らかだからである。だがそれだけの打撃にもかかわらず、その尽きることのない多数の人口のゆえに、ローマ人たちは優勢を保ち続けたのであった。そして危急存亡の機にあたってその果敢さに負けず劣らず、この多数の人口をもって対処し、勇猛なる敵に打ち勝ったのであった。

本書の先立つ巻において我々は、それに望まれる可能な限りの巨大さへと都市を導く手法を提示してきた。それゆえ我々がここまで論じてきたことに関して、もはやこれ以上付け加えて言うことは何もない。以下においては論題の必要に応じてではなく、作品を補足する二次的案件としてその考察が求められることを、もっぱらとりあげることとしよう。

二　都市が比例的に成長しないという現象はなぜ生じるのか

たとえ先に示されたような手段やこれに加えて見出されるその他の手段によったとしても、ある都市が際限なく成長していくことができると考える者は決していないことだろう。その巨大さにおいてもその勢力においてもある点にまで到達してしまった都市が、それを乗り越えることができなかったり、この点で停滞してしまったり、また時にはそこから逆戻りしてしまったりするという事態が生じるのはいったいなぜなのかを考察するということは、まことに興味深い課題である。例えばローマを一つの例として取り上げよう。この都市は、ロムルスにより創建された当初、ハリカルナッソスのディオニシウスの記す所によれば[6]、三千五百人の武装市民を擁していた。ロムルスがこの都市を治めた四十六年の間にこの都市は、四万七千人の市民兵を有するまでに成長した。ロムルス死後約百五十年を経たセルヴィウス・トゥリウスの時代に兵役に登録する人間は、ローマにおいて八万人を算するに至っている[7]。この数値は次第に増加しついには、四十五万人にまで到達したのである。それゆえ私が疑問としたいのは、三千五百人が四十五万人にまで成長したのはなぜなのか、そしてまた四十五万人を超えることができなかったのはなぜなのかということなのである。

同様に四百年の間にミラノやヴェネツィアは、今日見るがごとき大都会へと発展した。だがそれ以上に大きく発展できないのはなぜだろうか。幾人かの人がペストや戦争、飢饉やその他これに類似した現象にその原因を求めてきた。だがそれだけでは十分ではない。なぜなら当世に比べむしろ過去の諸時代においてペストは頻発し、戦争以上に頻繁にそれも絶え間なく生じているからである。またこうした古代の国家は、今日何年もかけて生じる死者の数よりも、いっそう数多い死者を数時間の間に生じさせる野戦に、一挙に晒されていたはずでもある。戦争の死者数について過去と現在の間でこのような差異がどうして生じるかといえば、今日戦争は野戦から攻城戦へと転じているからである。攻城戦では刀や剣よりも鋤や鍬の方が物を言うのだ。そもそもこの世において豊作と不作や、疫病の蔓延と終息は常に交互に生じているものだ。その例をいちいち挙げるまでもあるまい。なぜならこうした事例は歴史にあって不足する所がない。

ではこうした様々の障害にもかかわらず、主要な都市が少数の人口から始まって、ついには巨大な人口を擁するに至りながらも、その後比例的に成長していくことができなくなるのはなぜだろうか。他のある一連の人々はこうしたことが生じるのも、ひとえに万物の調整者である御神がそのように配剤されるからであると言っている。もちろんそのことを疑う者はあるまい。だが自然を司る全知全能の御神の叡智がこうした配剤をなすことはもちろんのことであるにせよ、かかる永遠の摂理がいかにして少数の人口を多数へと増殖させ、また多数の人口に対してその増大の終点を付与するか、その原理を考察することは許されよう。さてかかる問題を解決するために我々は、人口に関する同一の問いが一都市についてのみならず、人類全体について提起され得ることに目を向けねばならないのではなかろうか。なぜならこの三千年来、一対の男女からという変わらぬやり方で増殖し、大陸の諸地域や大海の島々に人が満ち溢れているにもかかわらず、同じくこの三千年来こうした人口増大は、都市の場合と同様にある一線を越えてはいないからである。

だがまずは都市の人口増加の問題を片づけることにし、続いて世界全体の問題へと論を進めることとしよう。それゆえ次のように言うことができる。すなわち都市の人口増大は一方では人間の人口増加率に、他方ではこうした都市に対する食料の供給量に基づいていると。その昔ダヴィデやモーセの時代にそうであったのと同様に、今日においてもまた人間が増殖に適した存在である以上は、考察の前提となる少なくともこの三千年の間において、人口増殖率自体は常に一定であると言わねばなるまい。その結果、もしその他に何らかの障害がないのであれば人口の増大には果てがなく、結果として都市の拡張にも終点はないことになるだろう。だからもしその先へと進まないとすればそれは、食料供給やその他の補足的条件の欠如によるものだと言わねばなるまい。我々はこうした食料の供給を、都市周辺の属領域や諸外国に依存している。

ところで都市が成長するにあたっては、生活必需品がはるか彼方の地から供給されることが不可欠である。食料その他の必要物資を我々の都市に到来させるためには我々の都市の吸引力が、次のような諸々の悪条件を圧倒するほどのものでなければならない。その悪条件とはすなわち――土地の険阻や山岳の高さ、渓谷の深まりや河川の急流、海洋の困難、海賊の仕掛ける罠、風の転変、近隣住民の悪意、敵からの憎悪、競争相手からの妨害、売買契約締結までに要する長い時間、物資を運びだす現地における欠乏や需要、諸民族間の本来的な敵対関係、宗教的対立等々に他ならない。そしてこうした障害は人口が増大すればするほど、都市の需要が増大すればするほどいっそう大なるものとなるのである。こうした障害が時と共に極めて大なるものとなった結果、人間のあらゆる刻苦勉励も圧倒されてしまう。

例えばインドや中国からローマへの穀物の移送を、どうして商人どもだけに任せられようか。そしてまた遠方からローマに到来するこうした穀物のアルプスの彼方への搬出を、これらの地の住民はローマ人たちだけに依存することができるだろうか。貿易商人たちやローマ人たちにそのような移送を行なう意思があったところで、年々の作柄の豊凶や各地の平和、あるいは交通の円滑や道路の整備を、一体だれが保障してくれるのであろうか。搬送者たちがその要する辛苦や費用をものともせず、遠方から生活必需品をローマに到来させるためには、いったいどのような方策があることであろうか。それらがすべて複合する場合は当然のことながら、上にあげた障害の一つに対してさえ、物質的な支えを必要とし、またそのために多くの偶然的事故にさらされている。それは一都市の住民を、疲労困憊させてしまうに十分なほどである。たった一度の飢饉やたった一度の不作、たった一度の戦争やたった一度の取引や交通の途絶、あるいは商人たちの破産その他の事案が、あたかも燕にとっての冬の到来と同様に、人々をしてある国から他の国へとその訪問先を転じせしめてしまうのである。

通常都市の繁栄というものは、その住民が安楽な生活を維持することができるという点において推し量られるものである。(8) だが都市の繁栄ははるか彼方の地に生じる要因や、困難な手段に依存しているため、長続きするものではない。なぜならどの都市も快適さや安楽さを求めているものだからである。上記の事柄に加えて大都市は小都市以上に、飢饉の危険にさらされている。というのも大都市は小都市と比べて、いっそう大量の生活必需品を必要としているからである。また同様に大都市は小都市以上に、ペスト禍にさらされてもいる。疫病は大都市を小都市に比べていっそう容易に襲うものであるし、その結果として実にたくさんの人々の死をもたらしてしまう。ともあれ大都市は一段と多量の物資を必要としているがゆえに、すでに我々が語ったようなさまざまの困難にさらされているのである。

その初期におけると同様に、盛時にあっても人間はこのように増殖に適していたにもかかわらず、ローマの人口がその隆盛に比例して増殖するということが生じなかったのも、まさにそのゆえに他ならない。なぜなら都市の食糧供給力は、それを超えた人口増大を実現するだけの余力を持たなかったからである。その結果ローマの住民たちは時とともに、より多くの生活必需品を確保する手段を持たないために結婚することができないか、たとえ結婚したとしても彼らの子供たちは、手元不如意やその他の必要に迫られて、徒手空拳で世に乗り出さなければならず、よりよい機会に出会うため国外に活路を見出すことを余儀なくされることとなった。こうした事態に対処するため、ローマ人たちは最も貧しい農民たちを選び出し、彼らを植民市へと送り出した。そしてちょうど新たな土地に移植された樹木のように、彼らは新天地においてより良き生活条件を見出すことに成功し、その人口を増大させることとなる。同一の理由からおよそ人間の増殖というものは一定数まで到達してしまうと、それ以上は先に進むことはない。そしてこの三千年来この世界は今日そうであるのと同じくらいの数の人間たちにより満たされていた。なぜなら大地の実りと食物生産の豊かさはこれ以上の数の人間を養うことができないからである。

人類はメソポタミアから広がり始め、次第に繁殖していき、あちらこちらへとその居住地域を広げていった。そして大陸をいっぱいにしたあげく大海中の島々(9)へと渡り、今日では我々が新大陸と呼ぶ地域へと、ヨーロッパから少しずつ移住しつつある。土地と食糧、そしてその他の生活必需品ほど、その獲得のため人々が、残虐さも厭わず争い合う物事は他に存在しない。古のスエビ人は彼らの境界域を百マイルにもわたって略奪し、荒廃させることをその誉とした[10]。新大陸ではドミニカ島やその近隣の島々の住人は、我々が鹿や野ウサギを狩るように人間狩りに出かけ、獲物となった人間たちの肉を賞味している。ブラジルの連中、とりわけ他の誰にも増してアイマラ族[11]の連中もまた、同様の振る舞いに及んでいる。彼らは男女の子供たちを生きながら引き裂きこれを貪ったり、あるいは妊婦の腹を引き裂いてそこから胎児を引きずり出し、その親たちの眼前でこれを炭火焼きにして食べたりしているのだ。それは直接見るどころか、聞くことさえ忌まわしい事柄に他ならない。

ギニア人たちはその貧しさゆえにまるで日常茶飯事であるかのごとくに、極わずかの金を代償に彼らの子供たちをムーア人たちに売ってしまっている。そしてムーア人たちはこの子供たちをバルバリアの地へと連れてくるのである。またギニア人たちは彼らの子供を、ムーア人たちばかりでなく、ポルトガル人にも売り払っている。そしてポルトガル人たちはこれらの子供たちを、彼ら自身が支配する島嶼へと連れて来るか、そうでなければ彼らを新大陸へと送り出すべく、カスティリア人に売り払ってしまう。ペグー人[12]もまた同じような振る舞いに及んでいる。このペグー人たちもただ同然の値で己が子供たちを、それを欲する者たちに売り払ってしまっているのだ。こうしたことが起こるのも、ペグー人の悲惨な境遇や、子供たちを産み育てることができない無力さに由来するものである。タタール人やアラブ人はもっぱら略奪により生計を立てている。エチオピアの野蛮極まりない部族であるナサモニ族やカフリ族[13]は、ポルトガル人が一再ならず明らかにしたように、遭難した外国人を丸裸にすることにより生計を営む連中である。また次のようなことが、どれほど指摘されたことであろう。すなわちガリア人やチュートン族、ゴート族やフン族、アヴァール族やタタール人、あるいはその他のこれに類する輩は、人口過多によってその故国に住み続けることができなくなった結果、彼らの本来の居住地域の境界の外へとあふれ出し、旧来の住民の殲滅により他人の郷里を占拠してしまった。[14]

したがって次のようなことが言える。つまりごくわずか数世紀の間に、ヨーロッパとアジアのほとんどすべての地域が、外国人により制圧されてしまうということが起こってしまった。これらの外国人たちはその人口過剰や安楽な生活を送りたいとの欲求によって、彼ら自身の郷里を捨てて出てきたのである。盗賊とか人殺しの横行という現象は、もしそれが世の窮乏に由来しないのであれば、その大半が一体何によって生じるものだと言うのか。もしそれが境界の窮屈さからでなければ、不和や対立といったものはそもそも一体どこから出来《しゅったい》するのであるか。実際この世が狭く、我々の必要や貪欲さに対して物資を充分供給できないことを除いて、境界線や堀溝、生垣や私有物の周囲にめぐらされる遮蔽物、葡萄畑や熟した果実の見張り番、居宅の門、そこに備えられ我々に襲いかかろうとする番犬といったものは、いったい何に由来するものであるのか。多種多様で残虐極まりない武器については、いったい何というべきであろうか。水陸両界において不断に続く戦争や街道沿いの城塞に対しては、はたまた強大な防壁に対しては何と言ったらよいのであるか。[15]

こうした事象が生じる原因について我々は、上記の事柄に加えて次のようなことを付言することができる。すなわち――土地の不毛さや飢饉、悪い星回りや伝染病、ペストや地震、海や河川による洪水その他の出来事が、時にはある都市を、また時にはある王国を破壊しつつ、また時にはある民族を、時には別の民族を破壊しつつ、人口が際限なく増大していくことに対する歯止めとなるのである。

三　都市の隆盛を維持する要因について

ここまでの議論を通じて我々により受け入れられた立地上その他の諸条件が、我々に許容する最大限の繁栄へと我々の都市を導いたことを踏まえて、かかる繁栄をいかにして維持していくかという議論が残されている。このような繁栄の維持存続には、正義や平和、そして豊穣が有益となる。なぜなら正義は各人に自己の所有物を享受せしめ、また平和により農業や交通、そして技芸は盛んとなり、また食物の豊穣によって生命維持が容易となるからである。パンの価格の安さ以上に、人々を喜ばせるものは何もない。都市に隆盛をもたらすこれらの要因は結局のところ、こうした都市の維持存続に効果を発揮する。なぜなら事物の生成の原因とその維持の原因は、つまるところ同一のものだからに他ならない。

その最盛期にローマにはどれほどの人口があったのか

ローマは世界の歴史上に存在した都市のうちでも、最も巨大でまたもっとも豊かな人口を誇った都市の一つである。そしてこのように都市を拡大するにあたってローマ人たちは、様々の手段を駆使してきた（彼らは単純にその繁殖力のみに頼った訳ではないのである）。またその支配権の拡大についていえば、その原動力はもっぱらこの首都ローマにかかっていたのである。我々はここまで都市の繁栄の原因について論じてきた訳であるから、都市の中の女王とも称されるべきローマの都が、その全盛時にいったいいかほどの人口を擁したものであったか探究することもまた、本書における我々の主題から外れることではあるまい。これを論じることはなかなか難しい仕事であるが、実は決して不可能という程のことでもない。もし地上に投げかけられた影から星や諸天の大きさを知ることができるとすれば、明瞭で信頼するにたる論拠、つまりは彼らが行なった国勢調査に則して、古のローマの人口を推測することはずっと容易なことではないか。

ハリカルナッソスのディオニシウスが記すところによれば、スプリウス・セルヴィリウスとアウルス・ヴィルギニウスが執政官だった時代[1]、当初の貧困から脱したローマ市民の人口は十万人に達していたという[2]。そしてこの市民の数に加えて、女や子供そして雇い人（なぜなら当時いかなるローマ市民も、農業と軍事以外の生業に携わろうとはしなかったからである）や外国人の総数はその三倍にも及んだという。つまりこの頃すでにローマには、双方合わせて四十万人もの人口があったということになるだろう。また我々は続く数百年の間にローマが、四十五万人の人口を有するほどに成長するに至ったとする史書の記述を有している。つまり先の比率に従えば、ローマ市民と婦女子や雇い人そして外人を合わせて百四十万人の人口があったということになる。だが思うにこの頃ローマには、さらにそれ以上の人口があったのではないだろうか。それというのもローマの支配権の拡大に伴って、そこに住む外国人の数はいっそう多くなっていたに違いないからである。実際ハリカルナッソスのディオニシウスの史書に基づき先に論じた執政官たちの時代、ローマ人たちはイタリア半島のごく一部分の支配者であるに過ぎなかった。だがその後に彼らの軍隊はイタリア全体を占拠したのみならず、アルプスを越えあるいは大海を渡り、島々やヨーロッパ、アフリカそしてアジアの無数の属州を支配するようになっていた。だから単なる好奇心や自身の用務その他の動機から、そこに雲集する外国人の数は、ほとんど数え切れないものになっていたはずなのである。

かつてアテネにおいて人口登録が行なわれた時には、市民の人口二万と外国人の人口一万を算するに過ぎなかった[3]。アテネにおける市民に対する外国人の人口比率がローマのそれより多いことは到底考えられないものの、とりあえずアテネにおける市民と外国人の人口比率をローマと等しいものであったと仮定してみよう。もしローマに同一世代に属する若者が前記のように四十五万人いたとするならば、思春期前の子供たちの数は十五万人を上回ることはないと考えられる。そのことからアテネの場合と同じ比率を援用すれば、ローマに居住した外国人の総数はおよそ三十万ということになろう[4]。

またローマの住民登録においては、奴隷はその対象にはなっていなかったことも忘れてはなるまい。その数は実に膨大なものであった。たとえば我々はM・クラッススが彼個人に仕えた奴隷に加えて、五百人もの奴隷身分の職人を召し使っていたことを知ることができる[5]。またミロン[6]もたった一日だけで三百人もの奴隷たちを自由な身分にしてやっている。聖ヒエロニムスに賞賛された福者パオラ[7]は、霊的生活に身を転じようとするにあたって、八千名もの奴隷を解放した[8]。シチリア島でエウノス[9]の指導のもと引き起こされた反乱（彼は六万人の奴隷を率いて、四人の法務官に率いられたローマ軍を撃破したのである[10]）や、同じ島でアンティオン[11]により引き起こされたそれ（彼もまた七万[12]の奴隷たちと共に、同じく法務官であったセルヴィリウスとルクルス麾下のローマ軍を打ち破っている[13]）、そしてまたイタリアを非常な恐怖に陥れまた多数のローマ軍を粉砕したスパルタクス[14]指揮下のそれは、我々に同様のこと、すなわちローマにおける多数の奴隷の存在を納得させるものである。セストゥス・ポンペイウスの敗北の後、彼の党派に組したためアウグストゥス帝により殺害された奴隷たちは三万人にも達している[15]。先にあげたアテネ人についての記述は、この都に市民二万人、外国人一万人そしてなんと四十万人もの奴隷がいたとしている。だから武器を片手に世界を制覇したローマ人が、アテネ人以上に奴隷を供給されなかった筈はないということは、十分に首肯し得る話なのである。それゆえ、都市ローマの総人口が二百万人近くあったということも、まことに納得のいく次第である。

付録

中立について[1]

中立について取り上げることは、国事に関する一切の論題のなかでも最も困難な論題の一つである。なぜなら互いに戦い合う二人の君主の間に挟まれて中立を宣言したり、逆にこれら二人の君主のどちらかの味方に馳せ参じると表明したりすることは、君主やその統治する国家の各々が有する資質に、密接に関わることだからに他ならない。そしてこうしたことを一般的に論じることはなかなか困難であるので、私は古代の政治家たちによってこうした論題が取り上げられたのを、これまで読んだことがない。とはいえこの論題に全く手を付けないという訳にもいかないので、それについてなにがしかを論じるべく、次のような点から論を進めることとしたい。

ポリュビオスの説くところによれば、君主というものはその本性からして、絶対的な好悪の対象となるものを持ってはならない(2)。むしろ彼らは、彼らに都合がよいと思われる状況に応じて、他国の君主に対する好感や反感を変化させるのである。それはあたかも料理人が調理の仕方によって無味無臭な食材に味や香りを付け加えるように、これらの君主たちもまた彼らの好悪の念を左右する利害にしたがって、敵対する近隣諸君主のあれこれの側に傾くようなものである。古代の歴史家ユスティヌスはマケドニア王フィリポスが「その誠実さのゆえにではなく利益を目当てに他国との友好関係を大切にした」、と記している。また同じユスティヌスはパルティア人についても彼らが「誓約を守ることが彼らに利益をもたらすときにのみ、彼らがなした誓約を守った」とも語っている(3)。

ギリシア人の中で極めて長きにわたりその国勢を維持したスパルタ人たちについて、トゥキュディデスは次のように論じている。すなわち彼らはとりわけ彼ら自身の都合にしたがって行動し、いかなる言い訳をすることもなく、彼らの国家になにがしかの利益や満足をもたらしてくれるものを、良いもの正しいものとみなしたのである、と(4)。実際スパルタ人の賢明なる王アゲシラオスは、その祖国に何らかの利益をもたらす全てのものを、良いものとみなすと語るのが常であった。当時アゲシラオスはエジプトのハコルに仕えるためエジプトに渡っていたが、叔父ハコルに反旗を翻したネクタネボスからも謀反の誘いを受けていた。そこでアゲシラオスは、エジプトの首都の動静に関する彼自身の見解を祖国が知ることができるように、部下をスパルタに送り出したが、それに際して、それぞれが支援を求めて使者をスパルタに派遣した両者のうち、アゲシラオスはネクタネボスを称揚し、反対にハコルについては苦情を述べ立てたのである。スパルタ人たちは両者の要請を受けた結果、彼らの送った使者に対して、アゲシラオスが本件に関する全権を付与されているのだとあからさまに告げる一方で、彼に対し祖国スパルタにいっそう利益となると彼に思われることを躊躇なく行なうようにと、極秘の命令を下したのであった。かくしてアゲシラオスは祖国の利益以外のいかなる理由にも頼ることなくハコルを見捨てて、ネクタネボスの陣営へと馳せ参じた。その際に彼は実を言えば、祖国の利益という外套のもとに明らかな裏切りを覆い隠してしまった訳である。だがスパルタ人たちは（プルタルコスも言うように）(5) 利益を全ての基準に置いており、自身の権勢の拡大に役立つことを除いては、いかなる正義をも信じなかったのである。

トルコ人の王メフメト二世によれば、約束を守るなどということは商売人の徳義であるに過ぎず、君主の徳義ではない。なぜなら商売人どもは信用や信頼に基づいて生計を立てているが、君主は暴力や武器を使って支配しているからに他ならない。近隣の二人の互いに争い合う君主の間にあって、無関心を装ったり中立を堅持したりすること以上に、君主にとって相応しいことはないのである。なぜならこのような局外中立を保つことこそが、君主に本来望まれる立場であり、どちらかの側に立って旗幟《きし》を鮮明にすることは、時々の事情の結果だからに過ぎないからである。だがどんな時に君主がその中立を維持するべきか、また反対にいつそのような中立を捨て去らねばならぬのかを見極めるべく我々は、中立の長所短所を、そしてまたどちらか一方の側に立つことの利害得失を比較衡量することにしよう。

第一に、中立を守るこの君主が敵対者の側についてしまうのではないかという、対立し合う二人の君主それぞれが抱く懸念のゆえに、この君主の中立は両方の側から賞賛され尊重されることとなる。この時この君主は他人の紛争の裁定者となりおおせ、また自分自身の主人の立場を維持することができる。彼は現在の状況を享受するとともに（このようにしてフランス人たちは彼らの事業を有利に展開したのである）、時を稼ぐことにも成功する。（よく言われるとおりに）最善の助言の担い手にしてまた万物の中で最も賢明な存在たる時間を味方につける者は、結局最も長く生き永らえる者となるのである。このような時間稼ぎの技を駆使してヴェネツィア人たちはその勢力圏を維持したのみか、それを拡大さえしたのである。さらに言えば、中立を保つ者は露骨な敵対者をも有さないので、その生存を維持することができるし、周囲のいかなる者をもあからさまに脅かすこともない。ポリュビオスも言っているように、万事において節度を保ち、しかるべき者にとり許容し難いことをなさないことほど、難しいことはないのだ。

他方、中立のもたらす害は次のようなものである。すなわち、間に立つ君主の中立は対立し合う両国の双方の機嫌を損ね、これらの国々をこの君主の潜在的な敵国にしてしまう。「したがってこのような君主は友人を獲得することができないばかりか、彼自身をその敵対者から解放することもかなわない羽目に陥る」[6]。まさにこのことこそが、セルヴィリウスに生じたことであった[7]。リウィウスも書き記しているように、彼のこうしたやり方は「平民たちの憎悪をかわすことができなかったばかりか、権門の人々からのなにがしかの好意を勝ち取ることすらできなかった」[8]のである。アカイア人たちの法務官アリステヌスはその人民にローマ人の側につくか、それともマケドニア王フィリポスの側につくかはっきり表明することを慫慂《しょうよう》しつつ、次のように言った。「もし我々が彼らと同様に、幸運と折り合いをつけるための確実なる恩恵もなしに、事の成り行きを見守るだけだとするならば、我々は勝者の餌食以外の何物でもなくなってしまうことだろう。

今日そうであるように二つの思案のどちらか一つを選択できるということは、常に生じることではあるまい[9]」。この時〔ローマの使者〕E・Q・フラミニウスは「なぜならこの戦争に対してあなた方が中立を保つという、一部の人が最善の手と推奨するまさにそのことこそが、あなた方に最大の災厄をもたらすものでしかない」とも言っている。というのも彼によれば「あらゆる恩恵や尊厳を奪い取られて、あなた方は勝者の餌食となり戦利品にされてしまうだろうから」に他ならない。このことこそはまさにロードスの市民やそれに劣らずアジア王エウメネスが、ローマ人たちとペルセウス王との戦争にあたって彼らがとった中立策のゆえに味わったことに他ならない。なぜならその両者が共々に味わった破滅の恐怖に加えて、後者はローマ人により粗略に取り扱われる羽目に陥ったし、前者はその領域の一部をローマ人に奪われることとなってしまったからである。つまりは「傲慢な者たちや強大な者たちの間にあって、静かに暮らせようなどと思っている者はとんでもない馬鹿者である。こうした者がたとえこれらの勢力者たちの手中に落ち込んでしまっても、穏健公正な者という評判は勝者のものとなってしまうのである[10]」。

さて続いて旗幟を鮮明にすることの利点を検討することとしよう。そもそも対立する両者の双方の憎悪を買うよりも、その中の一人の友となりこれと運勢を共にする方がずっとよいということがある。続いて一人で孤立しているよりも、一人の同伴者と共に失墜するほうがましであるということも挙げられる。また旗幟を鮮明にせず、その結果勝利をおさめた者が誰であっても、この勝者から必然的に抑圧される羽目に陥ることよりも、旗幟を鮮明にして、〔一方の側と〕勝利をおさめる博打《ばくち》に乗り出す方がずっと良いと言える。

他方、旗幟を鮮明にすることの弊害は、つぎのような点にある。そもそもこのように自身の立場を鮮明にすることにより、こうした君主は〔互いに敵対し合う近隣の二人の君主の一人に対して〕自身を公然たる敵としてしまう。というのも、甘いものが我々を喜ばせる以上に、苦いものが我々を不快にさせるのと同じく、奉仕されることや快楽を提供されることよりもむしろ、辱められたり攻撃されたりすることの方が、人間にとって行動のより大きな要因となるからである。この道理によってあなたがその公然たる敵であることを言明したある人物は、あなたがその危難に際して自身を防御し、また自身を救援してもらうためにそこに接近した側のある人物と比べて、いっそう周到にまたいっそう激越にあなたを攻撃し、あなたを苦しめることとなるのである。エジプトのスルタンの破滅の一件が、このことを良く立証してくれている。彼はペルシア王イスマイルに好意を抱いて、トルコの王セリムに公然と対立した。このようにして彼はセリムに挑発を加えた結果、己の生命とマムルークどもの帝国を失ってしまう羽目に陥ってしまった。にもかかわらずイスマイルは彼や彼の後継者を救援するため動こうとはしなかったのである。

ここでこの主題を三つの定式を用いて解決したいと思う。すなわちその最初のものとは、強大な権勢を有する者は、この主題については大して助言を必要としないということである。なぜなら彼の有する権勢自体が、彼を打ち倒そうとする者の攻撃から彼を安全なものとしてくれるからである。こうした人物がもし他の者と連携したなら、こうした人物はそれを用いて勝利を容易なるものとし、その果実を享受すべき力を自身に伴っているというに過ぎないし、もし彼が中立を守ったとするなら、近隣の者たちが互いに消耗し合っている中で、彼のみが戦争の災厄とそれに要する出費を回避し得ることから、こうした人物はその収入を心静かに獲得し得るばかりか、自身の持つ財力や武力を増大することもできるのである。第二の定式とはすなわち庸劣な君主にとっては、どんな選択も良きものとはなり得ないという理《ことわり》である。したがって中立という選択も良きものとはなり得ない。なぜならこうした君主は自衛自立する能力に欠けているからである。その結果彼の国はいつも、それに戦争を仕掛けてくるものの餌食となってしまうし、勝者の慰み物とされてしまう。だがいかなる君主のさらされる条件と言えども、自身が脆弱であることに加えて、互いに争いあう当人よりも強大な二人の君主の間にその領国を有する君主がさらされる条件ほど、困難なものはあるまい。

　では弱小なる君主にとり、一体いかなる政治的選択が望ましいのであろうか。中立であることか、それとも旗幟を鮮明にすることであろうか。「このことこそまさに特に難しい問題である」[11]。これ以上に解き明かすことの困難な問題もあるまい。私は理性よりも良き幸運の方がこの点に関わっているものと思う。ローマ人とカルタゴ人の間に戦争がもちあがった時、自国がかかる戦火に極めて近いことを見て取り、ヌミディア王シュファックスがローマ人に対して、アフリカの外で戦争をするよう説得しようとしたとき、彼はこの点をよく理解していた。それはローマ人とカルタゴ人の両者の争いにおいて、自身が一方ないしは他方と連携することを余儀なくさせられることがないようにとの意図からであった。また、ローマ人たちとマケドニアのペルセウス王の間の戦争の惨禍についてティトゥス・リウィウスは、この戦争のさなか、自由な都市の君主たちがどちらかの側につくことを宣言した時、最も賢明な君主たちは彼らの国家がこの二つの勢力の内の一方によって守ってもらったり、平和裡に支援を受けたりすることができるように、この二つの勢力のどちらかが壊滅してしまう前に、両者が和解することを望んだ、と論じている[12]。

　しかしながら私は一般論として言えば、庸劣な君主はどちらか一方へと旗幟を明らかにするよりも、やはり中立を守った方がよいのではないかと思う。どんな場合であろうと、互いに争い合う近隣諸王侯といえども、決して非人間的な存在でも野蛮な存在でも、名声や栄誉に鈍感な存在でもない。そしてこのようなことが言えるのは、中立というものがたとえ双方の側にとって不愉快なものであろうとも、彼らに現実に攻撃を加えるものでも彼らの利益を損なうものでもないからである。したがってこのような庸劣な君主は、自身の利益の座にしがみついて事態を傍観していることを除いては、他の君主の憤慨や復讐の種となることを決して行なってはいないのである。そこで中立を守る君主は彼らのことを現実に攻撃している訳ではないから、これらの対立し合う双方の君主たちもこうした君主と和解することに、さほどの困難を覚えることはないのだ。だがもしあなたが両者の間にあってその旗幟を明らかにするなら、あなたは敵対する両者の内の一方を侮辱し、彼に向って武器を手にした己が姿をさらけ出すことになってしまう。このような場合……

彼女の魂の奥に留まるのは
パリスの審判と己が容姿を蔑まれた屈辱。(13)

だが中立を保つ者は対立する両者を恐れこそすれ、彼らを軽侮するものではあり得ない。こうした中立者は彼らに奉仕をすることはないが、といって彼らを侵害することもない。これに加えて次のようなことが付け加えられるべきであろう。戦時における出来事以上に不確かな事柄はないがゆえに、旗幟を明らかにすることの結果は量り知ることができないから(「他のどんな場合にもまして、戦場にあっては、事前の予見が図に当たることは極めて稀である」[14])、我々が目下論じているような君主が、中立よりも、旗幟を明らかにすることによりその身を安泰にすることができるいかなる理由も、これを見つけることはできないのである。だからそれが以前の判断よりはっきり良いものとならない限り、新たな判断を下してはならない。これは、自然が果実を実らせるためでなければ花を枯れ萎ませることはないし、再生のためでなければ腐敗を許すこともないのと同様である。

実例がこうした見解の支えとなる。と言うのもマケドニア王フィリポスはローマに反旗を翻し、カルタゴ側に明らかに加担したばかりにその国家の大半を失ったのだし、シファックスもまた同様の理由により、その王国とその自由を失った。またエピルス人とイリリア人の王ゲンティウス[15]は、ローマに反抗しマケドニアと誼《よしみ》を通じたばかりに、全面的に破滅させられてしまったのである。別に古の事例を引くには及ばない。トルコのセリム一世に反抗し、ペルシア王イスマイルの肩を持ったばかりに、エジプトのスルタンであったカンスーフ・ガウリー[16]はその生命とその国家を喪失してしまったのだ。当世の戦争においてもロレーヌの諸公は、中立の功徳によって危険や被害からその身を守ることができている。反対にナヴァラ王アンリは、教皇ユリウス二世に反抗するフランス王ルイ十二世に味方することを公然と明らかにしたがために、その領国の最良の部分を喪失してしまった。サヴォイア公カルロは皇帝カール五世に与して、フランス王フランソワ一世に逆らったために、その領国の大半から追い出されてしまうこととなった。またクレーヴェ公ジェロームは反対に、フランソワ一世と結び皇帝カール五世に反旗を翻すや否や、たちどころに破滅してしまうこととなった。

結局のところ、中立がその害となる君主を一人挙げることができるとき、旗幟を明らかにすることが害となる君主は、これを三十人も挙げることができるほどなのだ。スパルタ王アルキダモス(17)はアルカディアを攻撃するにあたって、エリス人がアルカディアの加勢に駆け付けようとしているのを知り、彼らに対して「心静かに平和の内に留まっていることは、なんと心地の良いことか」と書き送ってやったのであった。なにがしかの人間性や宗教性を有する君主たちの間においては、中立が大変効果的なものであることを私は既に書き記した。というのも蛮族どもについていえば、彼らは全く信じるに足りない連中だからである。なぜなら彼らは権勢や財貨を手に入れること以外、その活動の目的というものを知らないから、彼らが自身の方が優位にあると知ったすべての相手に対して、いかなる尊重の念もなく、これらの相手を抑圧しにかかるからに他ならない。それは単に中立を守る相手に対してのみならず、彼らの味方に対してすらそうなのだ。

したがって私はトランシルバニアの君主ジギスモンド(18)の賢明な決断を支持することにいささかのためらいを覚える。というのもオーストリア家の帝国とトルコ帝国の間に存する小国の君主である彼は、後者の餌食になる運命を回避すべく、ハプスブルク家に接近したのであった。それに関して言えば、大事にあたってそれにより彼が身を処した人間的賢明さに加えて、とりわけカトリック信仰と〈神〉への奉仕をめぐる彼の驚くべき熱意を考慮するべきであろう。このような熱意によってジギスモンド公は現世の功利にかかわらず、来世における不滅の名声という多大な実りを既に手に入れているのだ。

だが互いに抗争し合う二人の君主のうちどちらかに味方することを、明らかにせねばならないとした場合、果たしてどちらに味方をすればよいのであろうか。もし利益の獲得を目指すのであれば、より強大な側に馳せ参じることが好適であることは論を俟たない。だが同じ強大とは言っても、その強大さには絶対的な強大さと相対的な強大さの二つがある。より大きな国を保有している側が、絶対的により強大な君主である。そうした君主はその国に軍勢や指揮官、食糧や武器弾薬その他の陸軍や海軍に必要な軍需品を備蓄し、それにより自軍を良く武装せしめている。そればかりではない。かかる君主はより多額の現金を有しているし、加えて領国の人民から金銭を取り立てるための、より豊富な手段をも有している。金銭こそは戦争の要である。金銭があってこそ軍隊も有用なものとなるのだし、反対に金銭を欠けば君主は戦を長く続けることができない。君主が富裕な存在と目されるのは単に彼が有する通常の税収によってのみではなく、それと並んで非常臨時の手段により金銭を獲得するその手段によってもである。

他方相対的な強大さとは、すなわち絶対的な強大さには劣るものであるが、あなたを攻撃したり防御したりするのに十分な勢力のことに他ならない。こうした場合他の何にも増して重要な要件は、こうした勢力との近隣性である。なぜなら勢力的には大したものではないものの近隣にある国は、極めて強大だが遠方にある国に比べて、いっそう容易にあなたに損害を与えたり、あるいはあなたの危急に駆け付けたりできるからである。たとえばフランス王ルイ十二世がアラゴン王フェルディナンドより強大な存在であったことを、そしてまた皇帝カール五世がフランス王フランソワ一世より強大な存在であったことを、いったい誰が疑うことであろうか。だがそれにもかかわらずルイ十二世の傘下にあったナヴァラ王アンリと、カール五世に臣従していたサヴォイア公カルロは、一方はフェルディナンド王からの、他方はフランソワ一世からの圧力を長くはねのけることはできなかった。なぜならナヴァラはアラゴンの勢力に広く曝け出されていたし、サヴォイアもまたフランスに対してそうであったからである。シラクサの賢明なる王ヒエロンはこのことを良く心得ていた。なぜならシチリアの問題をめぐってローマとカルタゴの間で戦いが始まった時、彼は当初カルタゴと同盟を結んでいた。カルタゴ人が、彼自身の王国の近辺の島の一部すでに支配者となっていたからである。だがローマ人がその勢力やその支援国に関して強大な存在となった後、イタリアのシラクサに対する近隣性のゆえに、ローマ人の方が彼を支援したり、反対に彼を攻撃したりするのに有利な立場にあることを悟り、カルタゴ側を捨ててローマ側と結んだのであった。

同盟国相互間の距離が離れているということは、多くの困難や多くの事故の原因となる。その結果として、彼らの国から山や海その他の目立った地理的介在物によって切り離されている君主からの支援を当てにしている者には、サグント人の上に生じたのと同様の事態が生じることとなる。彼らはローマ人からの救援を受けるに先立って、ハンニバルの軍勢により荒らし回られてしまったのである。にもかかわらずサグント人たちは、七カ月以上にわたってハンニバル軍の攻撃に屈することはなかったのであった。だがそれ以上に、わずか数カ月の間にカトリック王によって占領されてしまったポルトガルや、同じカトリック王が三十年以上に及んで回復できないままでいる低地地方に関する最近の事例が、こうした道理の正しさを立証してくれている。こうした結果はすべて前者のスペインとの近接性と、後者のスペインからの遠隔性に由来している。なぜならスペインとフランドル地方との間の距離のゆえに、多くの兵士が移動の途上で死んでしまったからである。それればかりではない。傭兵隊の移動や再配置に関する多大な配慮のゆえに、多大な金銭が道路整備のために消費されたが、その額は信じ難いほどのものに達したのである。こうした諸部隊に配属された兵士は冬に出発するのだが、彼は旅の途中で死んでしまうかあるいは、途上の寒さや耐え忍ばねばならなかった不便ため、戦争の労苦にほとんど適さないものとなってしまう。他方もしこうした兵士が気候の良い時節に出発するとすれば、彼はフランドルの地に夏の終わりに到着することになってしまうが、それはまさに作戦を起こすにふさわしい季節が終わる時期でしかないのである。[19]

　結局のところ、軍事行動において機会ほど重要なものはない。長きにわたって戦争をだらだら続けている者は、この機会というものを上手く利用できていないのである。なぜなら機会は一瞬にして過ぎ去ってしまい、距離は必然的にこうした機会を見逃がすもととなる遅延を生じさせるからである。「もし適宜な機会をつかむことにいささかでも躊躇うことがあろうものなら、こうした機会がもたらす利益は飛び去ってしまうことだろう。そしてあなたはこうした機会を取り逃がしてしまったことを、空しく嘆き悲しむこととなる」[20]とは、L・マウリツィウスの言葉である。

　だが戦争というものは肉体の力よりもむしろ精神の力により開始され、また担い続けられるものであるから、争い合う二人の君主の間で旗幟を表明するにあたっても、これらの君主の性質や習慣をしっかり考慮に入れなければならない。それに際しては君主の大胆さよりも篤実さを、その調子のよさよりもその我慢強さを重視する必要がある。実を言えばアテネ人はスパルタ人よりもずっと勇敢であった。だがスパルタ人はアテネ人よりも思慮深くまた我慢強かった。それゆえスパルタ人はアテネ人に対して、勝利をおさめるに至ったのである。ローマ人は第一次と第二次のポエニ戦争を、国力の強大さによってではなくむしろ魂の堅忍不抜さによって勝利したのである。「あらゆる大戦争に際して、敗北を喫した後に、ついには勝者の地位にたどり着くことこそが、我々ローマ人の運命であった。ポルセンナとの、ガリア人との、サムニウム人との戦いについて語るのは控えるとして、カルタゴとの先の大戦において我々は、いったいどれほどの軍艦や指揮官そして兵士たちを失ったことであろうか[21]」とは、スキピオの言である。

ヴェネツィア人はロンバルディアにおける戦いにあって、彼らの敵と交わしたほとんど全ての合戦で敗北を喫している。にもかかわらず彼らは持ち前の粘り強さによって、戦役の勝利者となりおおせているのである。スペイン人もまた彼らが企てた戦争の大半を、衝動とか腕力の勇猛さよりもむしろ、人間がなし得る限りの忍耐力によって勝利してきた。なぜなら、荒々さとか猛烈さなどといったものは長続きしないからである。それというのも軍隊の衝動的行為などは、つる草の激しい成長ぶりや雪解けに伴う春の水流の噴出に似て、しょせん永続しないものだからだ。かくして忍耐や堅忍不抜はこうした現象を、容易に抑えることができるものなのである。

評判について

第一巻

評判とはいかなるものか

何年かにわたりかの名高い詩人トルクァート・タッソと、評判というものについて、論じ合ったことを思い出す。それは学識深い彼が取り上げたいくつかの論題の一つであった。その際に彼は私に、多くの良い葡萄の実を収穫するため葡萄づくりが、しばしばいくつかの実を摘み取ったり、余分で役に立たない小枝を剪定したりするように、評判を勝ち取ろうと志す者は自身の生活からも言動からも、大業を成し遂げんとする人に相応しくない事柄を取り除くべきだと説いたのであった。つまり彼は評判を勝ち取ることとは、すなわち大願成就にとって余分なことを無視することだと、結論するに至ったのである。だがタッソのような大人物の権威を度外視するならば、このような主張は真実であるというよりむしろ、気の利いたものであるに過ぎないと私は思う。なぜなら第一に評判というものはその対象となる人よりむしろ、その人をほめそやす人々にかかわるものだからである。第二に評判というものは人の欠点や不足に由来するものではなく、彼が並外れて偉大な人格見識を有することに由来するものだからである。つまり私の考えによればある人物を評判の的にするということは、彼を何度も深く検討考察の対象とすることに他ならない。高い評判を享受する人とは、すなわち一度でその底が見透かされ値踏みされてしまうような人のことではなく、その持つ力量が何度にもわたって注目と評価の的となるような人物なのである。

それがどれほどのものであるか私にも見当がつかないほどに、信用とか権威、評価とか驚嘆、名声といった多くの事象と評判は、共通する点を持っているが、とはいえそれらは評判とはやはりかなり異なったものだ。例えば評判は信用と同じものではない。というのもお互いに重なり合う点も多いにもかかわらず、信用が一私人にかかわることであるのに対して、評判は公的立場の人間にかかわることだからである。それは権威とも異なるものである。権威は兵士による将帥に対する敬意のごとく、将帥を対象とするものである。他方その反対に評判は、将帥による兵士たちへの尊重のように、兵士をもその対象としている。したがって我々は、「権威を有する」と「評判を博する」という二つの異なった表現法に馴染んでいるのである。権威は目下の者や隣人に行使されるものである一方、評判は自身の同盟者や遠隔の者たちにも及ぶものだ。だがタキトゥスがコルブロについて論じたとき、「多大なる権威がその兵士たちにおいて、雄弁の代役を務めた」[1]と語ったように、またセクストゥス・ヴィクトルがアントニヌス・ピウスについて「彼は戦争という手段に訴えることもなく、ただただ権威のみに頼って、全世界を二十五年にわたって支配したのである」[2]と語ったように、時に両者の間にほとんど差異がなくなってしまうこともある。それに若干の偉大さという風味づけがなされているとはいえこの場合の権威は恐らく、評価と意味内容からいってほぼ同一のものであろう。それゆえラテン人たちは評判の高い男をよく説明し得る言辞として、「多大なる評価を授けられた人物」以外の、どのような言辞をも有さなかったのである。(3)

評価とはすなわち、目下の者に対するより高い尊重のことであり、したがって召使が主人を評価すると表現することはできず、反対に主人が召使を評価すると表現することはできる。だが評判というものは、評価とは異なり、目下の者における目上の者に対する敬意のことに他ならない。その点において驚嘆は、評判とある程度似通っていると言ってもよいだろう。とはいえこれもまた完全に同じという訳にはいかない。なぜなら驚嘆という言葉は人間的な事柄や実践的な事柄よりもむしろ、もっぱら思弁的な事柄や自然的な事柄に用いられる言葉だからである。他方において評判という言葉は、実践的事象の他に適用されることはない。こうした事〔すなわち驚嘆と評判の混同〕が生じるのも、物事の道理が理解されないからなのである。たとえばその理由を知らない人にとっては、月蝕や日蝕あるいは彗星その他の事柄は誠に驚嘆すべきことであるかのように見える。他方において評判というものは、物事の道理を理解しない人はこれを抱くことができない。むしろ評判というものは、こうした対象となる物事の偉大さというものが、なかなか容易には見定め難いところから生じてくるのである。名声というものはティベリウスが「彼に対する世間の憎悪と、彼の権力が、その武力よりむしろ、その評判の上に据えられているという事実」を実感した時のように、(4)評判と合致する点も多い。だがやはりこの場合でも評判と名声は、決して同一のものという訳には行かないのだ。なぜなら名声というものは、評判とは相異なって、悪事についてもこれを博し得るものであるからだ。

評判は何から生じるか

我々は、なにがしかの卓越性や偉大さにより、人間性の通常の境界を突出したり、天からのものであるか神からのものであるか知らぬにせよ、世の常を超えた何物かをそのうちに秘め持つと評価したような者に対してのみ、評判というものを授けるものであるので、評判というものはすなわち、卓越した力量や欠けることなき完全性の産物に他ならないということになる。他方、しょせんは凡庸さの域を超え出でないささやかな長所などというものは、せいぜい言って愛情を生じさせるだけのことであり、評判を生じさせるようなものたり得ない。そしてこうしたささやかな長所は知性によって容易に把握されるものであるがゆえに、それは意志や意欲といったものを直ちに突き動かすこととなるが、このような意志や意欲は、かかるささやかな長所のうちに自足し、これを受け入れまたこれを愛するのである。だがこうしたささやかな長所と一線を画する卓越した力量は、むしろ知性を支配し、これを意志や意欲とはほとんどかかわりを持たない、その思念のうちに引き込んでしまうのである。そこでアリストテレスは人が己と同等の存在や己に劣った存在を愛し、己より優れた存在を尊重するものだということを、そしてまたその力量の高さとその完全性により人間本来の資質の限界を超出した英雄に、栄誉を授けこれを崇拝するものだということを教えてくれるのである。[5]かくして賞賛すべき卓越性を備え、君主を地上から高く上げ、凡人の域を超出させるようなかかる力量こそが、君主に評判というものをもたらすものとなるのである。

……私もまた一つの方途を試みなければならない。私にこの地上を飛び越え、私の勝利に満ちたその名を、人々の口の端に舞わしめることを許すがごとき、そのような方途をである。(6)

さてところで人はその知性の精妙さやその精神の活力を除いては、いかなるものによっても己を偉大なものたらしめることはできない。なぜなら君主の評判というものは、人民が彼に対して抱く意見や観念に基づいているからである。こうしたものこそは君主がそれを通じて多大な利益を獲得すべく、その身に備えるよう努力しなければならない当のものであり、そしてまた人民がそれに関心を抱くべき当のものに他ならないのである。それは端的に言えば平和と戦争にかかわる事柄である。なぜなら君主が平和を守る術に通じてこそ、臣下は平安な日々を送ることができるのであり、他方で彼の戦争を行なう術を通じてこそ、敵は彼の臣民のはるか彼方に追い払われることになるからである。かくして〔平和を守る〕文明的手法は古代人にあっては、その聖なる名声をオルフェウスやアムピオンにおいて、ラダマンテュスやミノスにおいて獲得したのである。だがそれに劣らず人間は戦勝やそれに伴う凱旋によっても、その存在を高いものとすることができる。

軍事作戦を指揮し、同胞市民に

敵を虜となしたことを誇示することは、
天にも届き、ゼウスの玉座にも達せんばかりの、
栄光に他ならない。(7)

そしてこの同じホラティウスは、〔戦争における勝利と平和の維持という〕この二つの分野について卓越した皇帝アウグストゥスを礼賛せんとして、次のように記している……

御身は武器をもってイタリアの運命を守護したり、良き習俗の順守によりこれに栄誉を与えたり、法の制定をもってこれを教導したりと、様々な用務に対処されるがゆえに(8)……

ヴェルギリウスはギリシア人に対してその弁舌の才や、驚くべき繊細さをもって大理石や金属により彫像を作成したりする才を、そしてまた天界や星辰の動きを察知しこれを記述する才を認めながらも、ローマの偉大さの達成には市民的な思慮と軍事的な思慮以外の、いかなる物を必要とすることをも認めなかった。

ローマよ、汝、その帝権をもって民を治め、平和の環境を整え、その支配下に置かれた者に慈悲を与え、
驕り昂る者を打ち砕くことを忘るるなかれ。何となればこれぞ汝が従うべき、業なればなり。(9)

ユダヤ人の歴史にあっては、比類なき評判をかち得た二人の君主がいる。すなわち戦争の才によりこれを得たダヴィデと、平和の才によりこれをかち得たソロモンに他ならない。他方ローマにあっても、二人の人物が傑出した威望をかちとっている。すなわち戦争にかかわる才能により「大」と諡されたポンペイウスと、市民的思慮をもって「至大」と諡されたクィントゥス・ファビウス・ルリアヌスの両名である。

だがローマ人が後者を前者以上に大いなる諡号により称えたことを、何人も奇異とするものではない。なぜなら（他のところで我々が既に論じたように[10]）、〔市民的思慮により〕その支配権を維持することは、〔軍事的功業により〕これを拡大すること以上に、より困難かつまたより重大な仕事だからである。それはアンティオコス王の大使ヘラクリデスが「次から次へと諸国を征服していくことの方が、それらをまとめて維持していくことと比べて、はるかに容易な仕事であった[11]」と、ローマ人たちに語った通りである。エペイロスの王ピュロスはその戦争指揮と武器の扱いの道において傑出していたが、征服したものを維持するすべを心得なかったがゆえに、骰子の振り方に優れていながらそのようにして得られた賞金を活用する術を知らぬ遊戯者の一人に数えられてしまったのである。

戦争自体に関して言えば、武器による勝利よりも知略による勝利の方が、はるかに賞賛に値する。というのもこのような戦争のやり方に従うことにより、軍隊を少しも損じることなく、敵を屈服させることができるからである。これに比べて、

血まみれの勝利はしばしば、

それをかち得た将帥の尊厳を損なうことが常である。(12)

かくして皇帝アウグストゥスは、多くの国々を征服したのちにアレクサンドロス大王が、〔これらの占領地を治めるため〕何をしたらよいかわからないと言ったということを知った時、大王が征服地を治めることがこれを征服すること自体より、いっそう難しい仕事であることに思い及ばなかったことについて、驚き呆れたのであった。

国家というものは、これを支配する君主の愚かさや残虐さ、淫乱や無能さにより荒廃する一方、また同じ君主の賢明さや正義、節制や剛毅により維持されまた成長するものである。こうした美徳は、それがその水準においてより高くより顕著になればなるほど、より大きな評判をもたらす効果を持つものである。思慮は平和と戦争の双方にかかわるものであるが、正義(この名のもとに私はまた宗教をも包摂している)と節制は、戦争よりも平和にいっそう固有の美徳に他ならない。他方で剛毅は、平和よりも戦争に固有の美徳である。

評判を博するということが何ゆえ重大であるのか

どの君主国もそれぞれ次の三つの基盤のうちのどれか一つの上に、その基礎を置いている。それはすなわち愛と恐怖、それから評判である。これらのうちの最初の二つは簡単明瞭なものであるが、第三のそれ、すなわち評判は、先の二つの要素の混合により成り立っている。これらの内でも愛はその本性において疑うべくもなく、いっそう効果的なものであり、またその臣下を敬虔かつ従順に留め置くについても、一段と適した要素に他ならない。なぜならそれは我々のもつあらゆる情緒の内においても最も強力な感情で、ほかの何物にも勝る効果を発揮するからである。それどころかそれは〔人を御するにあたって〕最も重要な要素であって、万民に活力と動機を提供するものなのである。それゆえプルタルコスはこの愛のもつ地位を、その登場に対しては他のいかなる司政官もその権限を委譲せざるを得ぬ独裁官の存在に比肩させている[13]。換言すれば臣下からの情愛に支えられたかかる支配権は、これ以上強化しようがないのである。だがその一方において、臣下からの愛情に基づく統治以上に、不確かなものも儚いものも存在しない。それはかかる愛自体の欠点によるものではなく、臣下たちのもつ不完全性によるものである。それは君主にとって臣下たちが長年にわたって彼に十分に満足できるよう、多彩な手段と配慮によって臣民に接するということは、実に難しいことだからである。我々の魂はその本性において飽くことのないものであり、満足を感じることがめったにないものなのだ。

より私に不快な思いをさせるものこそが、
私を喜び楽しませるのである[14]。

その結果として我々はある君主が、臣下からの多大なる歓呼の声と盛大な祝祭と共にその地位に就けられれたにもかかわらず、続いてごくわずかの間に同じ臣下たちから見放され、死に至ることを見るのである。ローマの皇帝たちの歴史の一切は、このような事例で満ち溢れている。かくして第一質料がある形態に長らく止まることがないように、我々の魂も時に応じて万事について、とりわけ統治様式について次々と新しい何事かを追い求めるものなのである。大衆というものは元来不平不満の多いものであって、満足の内に安らぐことがなかなか難しい者たちなのだ。

現存の政治体制は常に彼らにとり、峻厳で重荷となるものであるかのようにしか思われない。それにもかかわらず「頻繁なる政体の変動を望むことなく、主権者の性格を耐え忍ばねばならない(15)」。また何千もの人々が、ある一人の人物に対する愛情において合致するなどということはおよそ不可能なことであるし、ある人が万人に喜ばれるように常に行動することもまた、それに劣らず不可能なことであるに違いない。別の者に対して以上にある者に対して示された温顔や好意そして恩恵は、前者にとり既に彼に対してなされた好意をこの当の人物の立場から見て逆に苦々しいものへと変えてしまうし、彼に対して与えられたこの過去の恩恵の記憶を打ち消してしまい、また以前はそこに愛が宿っていた場所に憎悪をもたらしてしまう。

以上のごとき理由により、そしてまたその他の理由により、多くの君主が臣下の感情に信を置くことなく愛に依拠する道を捨てて、さながらより堅固でより確実なものの上に据えるようにして、その支配権を恐怖の上に据えたのであった。なぜなら愛が臣下の思いのままになるものであるのに対して、恐怖は恐れられるその当の主体に基づいているからに他ならない。自身を臣下たちから愛されるものとなす手法は、自身を恐れられるものとなす手法のように、安泰なものとも普遍的なものともなりえない。もしこのことが自国の臣民においで真実だとすれば、外国人に対してはますますそうである。何しろ彼ら外国人どもはあなた方君主たちとその近隣性やあなた方の実力がもたらす恐怖以外、いかなる絆ももってはいないのだから。だがこのような君主は、恐怖が憎悪より常に立ち勝っているように振る舞うべきである。そこでウティカのカトーはその師匠から、彼に関し数多くの残虐さが見出されるスッラがなぜ長きにわたり権勢を維持し得たのかと問われた時、次のように答えた。なぜなら彼は憎悪される以上に恐れられたから、と。

評判というものは愛と恐怖の双方から成り立っている。それはその両者のそれぞれ一つより、いっそう有効なものである。なぜならそこにはこれらの双方の良い点や有益な点が、併せて含まれているからである。すなわち評判は愛から臣下の君主との合致を手に入れ、また恐怖から臣下の君主へ服従を手に入れるのである。なぜなら前者は臣下を糾合するのに対して、後者は彼らを馴致するからである。だが評判の獲得に当たって、愛と恐怖のどちらが大きな役割を占めるのかと問う人もあるかと思う。これに関して言えば恐怖がいっそう大きな役割を占めることについては、疑う余地がない。なぜなら敬意や崇拝と同様に評判もまた、力量の卓越に基づくものだからである。そしてこの力量の卓越という点においては、恐怖が愛にはるかに勝るものなのである。これは次のことからも容易に見て取れよう。

すなわち愛が融和に向かう情熱であるのに対して、恐怖は魂を惹き寄せる情熱であり、前者が統合するのに対し後者は切り離す情熱だからである。前者は平均するが後者は差異づける。また評判というものにおいて愛よりも恐怖に固有の特質や機能が見出されることは、明白なことである。なぜなら評判は融和したり統合したり平均したりするよりむしろ、吸引したり分離したり差異づけたりする力を有するものだからに他ならない。またこれと同じことが次のようなことからも容易に理解できよう。すなわち軽侮ほど評判に反するものはないのである。ディオ・カッシウスの記す所に従えばネルヴァ帝は、その頽齢《たいれい》により侮りを蒙りやすくなり、自身からあらゆる評判が失われたことを悟った結果トラヤヌスを養子に迎え、帝権を彼に禅譲したのであった。(16)太古の混沌の後に万物が錯綜し物事の上下の秩序が失われた折、たちの悪い神々がしばしばクロノスやゼウスにとって代わろうとしたことを語り、栄誉も崇拝も結局はしかるべき身分を各人に付与し、その結果として崇敬や恐怖を伴う帝王の〈威光《マエスタ》〉というものが出現する事に由来するのだと結論付けた際に、オウィディウスもまた先のディオ・カッシウスと同様の見解を抱いていたことになる。

かくしてここから
世界を支配する〈威光〉なるものが生じたが、
それは天地開闢の時以来、実に偉大なるものであった……
この〈威光〉の傍らには〈羞恥〉と〈畏怖〉がその座を占めた。
かくしてあらゆる神格がその振る舞いにおいて、
この〈威光〉というものに倣うことを、
あなたも目の当たりにしたことであろう。(17)

むしろ愛を欠いたとしても、名声を維持する力を持つ〈恐れられること〉の方が、評判にとってはいっそう重要な条件となる。そこでリウィウスは次のように語るのだ。すなわち――兵士たちの多大な不満を無視して、カミルスはウェイイ市征服の戦利品を国家の財務官に引き渡したのだが、にもかかわらず「彼らの総帥の峻厳さに恐れをなした兵士たちは、彼の厳格さに服従しこれを賞賛したのであった」[18]。

評判というものがいかに重大なものであるかはまた、次のようなことからもこれを窺い知ることができる。すなわち――死者もまた評判の力を用いることにより、生者のあいだに影響を及ぼすことができるのである。我々はこのことをロデリコ・ジード[19]について知ることができる。彼は言うまでもなく極めて高い軍事的能力の持ち主であったが、彼の部下たちが彼の死後も彼を馬の上に飾った結果、ただ彼の姿が戦場に示されたというだけで彼らは、バレンシアの都に襲いかかるムーア人の大軍を撃破してしまった。バルドリーノ・パニカリアもまた兵士の内で多大な評判を博した人物である。そのため彼の兵士たちは彼の遺体を香油漬けにして絶えず奉持し、彼の死後も彼により指揮されているかのようであった。そして彼らはさながら彼の生存時のように、彼のためにいつも大天幕を張ったり、何らかの籤《くじ》によって彼の意向を探ったり、またこうした籤の結果によって自分たち自身を統制しようとした。今日に至ってもなおトルコ兵は、すでに死んでいるはずのジェルジ・カストリオティ[20]の兵士たちを見ると一斉に逃げ出すのが習いだが、それというのもカストリオティが依然生きており、その兵士たちを指揮していると彼らが信じているからである。そればかりではない。彼らは彼の遺物をその身に着けることによって、彼の力を入手したり、彼の能力に与ることができるとも信じている。

評判の諸段階やその種類について

評判というものは幾人かの論者により三つの段階に分類されている。すなわち評判はその対象となる事象より過小であるか、等しいかあるいは過大であるかの三つである。ある君主が彼に相応しい評判を博していないということは、評判の一段階というより既にその君主の欠点であるに過ぎない。なぜならこうしたことは評判にではなく、かかる評判が起因するこの君主のもつ力量に直接かかわるものだからだ。これに加えて評判というものは、三つの種類を有している。この中の一つを我々は〈自然な〉もの、いま一つを〈人為的な〉もの、そして第三のものを〈偶々《たまたま》の〉と呼んでいる。〈自然な〉評判とはすなわち月の反射光と同様に、卓越した力量から涌き出るそれである。南方地域における影と同様にこうした〈自然な〉評判に対しては、その原因と〔影の長さが〕均等であるといえば十分である。〈人為的な〉評判とは、君主の努力や作為によって、評判の対象の水準を〔評判が〕大きく超え出てしまったもののことを指す。フェラーラ公アルフォンソ二世の事例が、ちょうどこれに相当する。〈偶々の〉とはすなわち、君主が実際にこうした力量を行使するのではなく、誤った噂によって他の人々が、ある君主に帰したような評判のことを指す。

したがって真の評判とは、我々が〈自然な〉と称するところのそれに他ならない。こうした評判は、その評判の対象となるものと、換言すればそれがそのさながら反響と化するがごとき、卓越した力量と全面的に合致している。他の種類の評判はあたかも錬金術のごときものであって、確固たる原理に基づくものではなく、力量に基づくそれと比較すればさして長持ちするものでもないし、その値打ちにおいてもささやかなものであるに過ぎない。それはしばしば物笑いや軽蔑の種になるのが常であるし、あるいはまた危険なものとなったり、損害を生じさせるものともなりかねない。このことは別に古代人の例を引くまでもなく、我々の時代にあってもほんの少し前に、カルマニョーラとパオロ・ヴィテッリの例によって証明されている。すなわちこれらの武将たちは彼らが実際に有している能力以上に能力があると評価されてしまったために、その事業の困難さゆえに彼らが実現できなかった任務の遂行を、その裏切りのゆえに彼らが自身から望まなかったのだという噂を立てられてしまったのである。その結果カルマニョーラはヴェネツィア人によって、クレモナの占領に成功しなかった廉《かど》をもって斬首されてしまったし、ヴィテッリもピサを屈服させられなかった廉で、フィレンツェ人たちから同様の仕打ちを加えられるに至っている。また彼らに先立ってアルキピアデスが、アテネ人たちからその不運というよりその悪意にその原因があると目された、艦隊の一部の喪失により彼らにより追放刑に処されている。反対にタキトゥスの言によれば、「その評判がその実態に伴わない」いま一人の人物は、「いかなる傑出した功績をあげることもなく、ただ単にその高い地位に彼が適当だったということだけで、二十四年にわたり主要な属州総督の要職を占め続けた」人であった(21)。

それゆえ私は、銀行家がしばしば自身の動かす元手金以上の信用を博することがあるように、さして有能でも勤勉でもない君主が、その資質に相応しい評価以上の評価を手に入れていることを、決して否定するものではない。だがこのような評価は単なる噂というに過ぎず、決して評判という名に相応しいものではない。我々が既に論じた所に従えば、次の二つの事柄により人は評判を獲得し得る。すなわちその欠点を覆い隠すことによってか、そうでなければあれこれ論評されることのない程までに、自身の偉大さを見せつけることによってである。だがもし評判というものが、力量に由来するものであるとするならば、権力とか財貨その他のものについてはどうであろうか。こうしたものもまた人に、評判をもたらしてくれるのではないだろうか。私が判断するに、評判とは君主の英知やその資質に基づくものである。それゆえ権力や財貨といったその他の事柄はそれ自身によってではなく、それらがその道具であるにすぎないすぐれた力量や才知、そして気迫といった側面によって、我々が論じてきたごとき評判の獲得という効果を生み出すのである。もし世評によりカリギュラが一匹の獣としか目されなかったとすれば、ティベリウスが彼に残した財宝は、彼に一体どんな評判をもたらしたというのであろうか。そしてクラウディウスが単に一人の愚か者だと評されていたとすれば、ローマ帝国の偉大さは彼に一体どんな評判をもたらしたというのであろうか。かくして吝嗇な人がその富によって評判を立てられず、怠け者がその権力によって評判を立てられないのと同様、思慮や力量を欠いた君主はその財宝やその軍勢によって、評判を博することがないのである。

第二巻

我々はここまで評判というものの本質と、それが一般的にはどこに由来するものであるかということについて、縷々論じてきたわけであるから、以下においてはそれにまつわるいくつかの特殊な事項や、それによりかかる名声が獲得されまた維持されるやり方というものについて、提示しておくこととしよう。最初に取り上げるべき事項とは、自身の弱点を上手に隠匿するということである。なぜなら多くの人々は凡庸な君主であるにもかかわらず、自身を向上せしめることよりむしろ自身の無能さを覆い隠すことを通じて、有能な人であるとの信用や評判をかちとったからに他ならない。

自身の実力を見せびらかすことなく、さりげなくこれを表示することは評判を高める基となる。これについてリウィウスは次のように言っている。「ロムルスは自身の栄光を光り輝かせることに劣らず、その功業自体により驚嘆すべき人物であったが、殺害した敵将からの戦利品をこの目的のために作成された二又の鉾に掲げつつ、カンピドリオの丘に登った[1]」と。いま一人の人物〔ルキウス・ムチアヌス〕についてタキトゥスは次のように言っている。「自身の為しまた語ったことの全てについての意図的な誇示者[2]」であると。

そしてもしヒゼキア王がその点において非難されるべきであるとすればそれは、不信心者どもに、彼が御神以外の何者に対しても心を寄せていないということを理解させる代わりに、彼が自分の財産に信頼を寄せているということを示してしまったことにある[3]。

だがいかなる民族も、いかなる君主もローマ人以上にその実力の偉大さを示した存在もない。

ピュロスがイタリアでローマ人と戦いを繰り広げていたころ、カルタゴ人はローマ人に加勢するため、百二十隻の軍船と共にマゴーネを派遣してきた。だがローマ元老院はカルタゴ人のこうした好意に謝意を示しつつも、この援助を受け容れようとはしなかった。ローマ人は自身の力で遂行し得ないような戦争に、着手したことはいまだかつてないというのがその理由であった。また、第二次ポエニ戦争の紛糾のさなか、都市ナポリは四十杯の黄金と共に、大使たちをローマに派遣してきた。それは戦争のためなされた多大なる出費によって国庫を空にしてしまったローマ人が、この黄金を軍資金として活用するようにとの心からであった。ローマはナポリ人たちのこの行為に対し深く感謝の意を表したが、ローマは友好の徴としてその内の一杯分を受け取ることしか受け入れなかった。そして、マケドニア王ペルセウスが執政官P・リキニウスに大合戦で勝利を収めた時、その主要な顧問官たちから、ローマから有利な講和を獲得すべく、この機会を活用すべきであるとの助言を受けた。それに快く従ったペルセウス王は、彼の父フィリポスがかつて講和を獲得したのと同一の条件による講和を執政官に提案すべく、使節を直ちに派遣したのであった。これに対して執政官は次のように回答した。もしペルセウスが講和を希求するのであれば、自身とその王国をローマの元老院と人民に、全面的に委ねなければならないと。ローマ人のこうした確信が自身の武力に対する熱い信頼の念に起因することを見た彼はこの返答に震撼し、講和を獲得しようとあれこれ試みたが、執政官はそれ以外の返事を決して与えようとはしなかった。

それがだれであれ他人の意見や仕事に依存していることを暴露されてしまうことほど、君主の評判を著しく傷つけるものはない。なぜならまさにこのことこそは、物事の処理に関して君主が自身の上位者や同輩を作り出してしまうことであるし、ローマ皇帝のクラウディウスやコンモドゥスの身に生じたように、そしてまた当世のフランス王アンリ三世その他の人々の身に生じたように、自身の無能や弱さを証することに他ならないからである。

人民を支配すること以上に困難ないかなる任務も存在しないのであるから、そしてまた君主の偉大さや尊厳に勝るいかなる卓越した事柄も無いのであるから、君主は自身の職務に固有な事柄以外の、他者の業務を自身の業としてはならない。それゆえティベリウス帝のようにお伽噺や文法的な精細さの研究に熱中したり、ネロ帝のように歌舞音曲に血道をあげたり、ドミティアヌス帝のように弓戯に没頭したり、マケドニアのアエロポス王のごとくランプ作りに励んだり、ヴァレンティアヌス帝のように蝋人形作りを愛好したり、プロヴァンス伯レナートのように絵画に夢中になったり、フランス王キルペリクやナヴァラ王テオバルド〔一世〕のごとく詩作に耽ったり、フランス王シャルル九世のように日毎の狩猟で時を空費したり、スペイン王アルフォンソ十世のように占星術の研究にはまり込んだりすることは、まことにもって一人の君主に相応しいこととは言えないのである。

エウリピデスが記す所によればヘラクレスは空しい業には全く心得がなかったが、他方重大事に関しては適切な才華を発揮した。(4) アレクサンドロス大王が一匹の大きなライオンと戦い、これを撃ち殺すことに夢中になっているのを見たスパルタ人の大使は、このような空しい望みについてあざ笑いながら次のように言ったという。「陛下はこの獣めとたいそう勇敢に格闘されましたが、両者のうちの果たしてどちらが王でいらっしゃったのでしょうかな」と。アレクサンドロス大王の父フィリポスが大変優れた楽師と音楽談義を交わした際、いくらかの論戦の後に王は、楽師が彼の側に理があることを認めるようにと望んだのであった。そこでこの楽師はこう言った。「おおフィリポスよ。御身が小生と音楽について論争を交わし得るほどの者であるという災いから、神が御身をお守りくださいますように」と。この言葉によって彼は、これと同様の趣味の道楽に憂き身をやつしたり、そうしたことによる栄誉を追い求めることが一人の君主にとっては、まっとうな判断力の欠如にしかならないということを語ろうとしたのである。他方これと同じフィリポス王は、その息子のアレクサンドロスがある場において極めて甘美に声で歌を歌ったことを知ると、彼にこのような言葉をかけ優しく戒めた。「歌唄いの業にこんなに長けていて、お前は恥ずかしいとは思わないのか」と。というのも他の者が歌うのを聞く閑暇があれば君主にとってはそれで充分であり、自身の気晴らしのためこれを聞いて満足したなら、そのことについて技芸の神《ミューズ》に感謝を捧げればそれで済むからである。

反対に次のような逸話もある。道理に合わないあるラテン語の言葉について哲学者ファボリヌスがハドリアヌス帝により非難された時、彼の同僚たちは彼が皇帝の意向に容易に屈してしまったことを驚いた。だがこうした驚きに対してファボリヌスは、典雅に微笑みつつこう答えたものだ。彼は皇帝に喜んで譲歩するし、そしてまた三十個軍団に号令する人物が、哀れな哲学者たる彼自身よりはるかに学識であることを、左右なく信じる者であると。だがアポロドーロスは屈託無くハドリアヌスのことを嘲り笑いこう言った。すなわちかつてトラヤヌス帝がアポロドーロスと、前者が造営しようともくろんでいたいくつかの建造物について論議していた際、それに後から加わったハドリアヌスは、自身の意見を開陳しようとした。これに対してアポロドーロスは、彼が業務を委嘱されたことにより計画はもう定まってしまったのだから、貴兄はさっさと南瓜の絵でも描きに行っておられよと言ったのである。さてこの勇敢な男を学識によって折伏できなかったハドリアヌスは、彼を権力によって圧倒し、彼の競争相手となろうとしたのであった。そして自身が皇帝に即位してのち、ヴィーナスに捧げる大神殿を造営した際に、彼はこの神殿の雛型をアポロドーロスのもとに差し遣わし、彼の意見を問いただした。それに対してアポロドーロスはこれをいくつかの点で修正し、改良することで己の見解を臆することなく表明したので、ついにハドリアヌス帝は彼のことを迫害するようになったのであった。

他方クレオパトラはたいそう優美なやり方で、M・アントニウスの愚かな野心を笑いものにした。すなわち両人が消閑に釣りをしていた際、アントニウスは少しも魚を釣り上げることができなかったので、密かに数名の人間を水中に送り込み、事前に釣りあげておいた魚を自身の釣り針に取り付けさせた。こうしたことをそっくり承知のクレオパトラは、その翌日もアントニウスが獲物が餌に食いつくのを待ち設けている間に、一人の臣下を密かに泳ぎ遣わして、アントニウスの釣り針に燻製の魚をつけさせたのであった。こうしてアントニウスが首尾よく獲物を引き上げた時、彼女はこのいたずらに居合わせた満座の者を笑い転げさせたのである。そしてクレオパトラは、大変上手に次のように言ってのけた。投網や釣り針は我々エジプト人にお任せになるがよろしかろう。なんとなれば御身らローマ人の軍隊は、城市を攻略したり諸民族を制圧したり、合戦において敵に打ち勝つためのものなのだから、と。

「他のいくつかの賜物は皇帝の職務に求められるものだが、また別のいくつかは弁論家や詩人に求められるものであった」とトレベリウス・ポリオヌスが書き記しているように、ガリエヌス帝は彼の時代の第一級の弁論家や詩人の内に数えられる人物であった(5)。トルコのスルタンであるムラト三世はバヤズィット二世と同様に、哲学への際限ない溺惑によってボンギ(6)と呼ばれた。他方ハドリアヌス帝はその並外れた優雅さゆえに、〈ギリシアびいき〉と、アントニヌス帝は〈哲学者〉とあだ名された。ヌメリアヌス帝に対して元老院から彼を模した一つの彫像が贈呈されたが、そのもとには次のような碑銘が彫られていたという。「その御代随一の弁論家たる皇帝ヌメリアヌスへ」と。それにしてもなんと笑うべき話であろうか。軍事こそ君主本来の業であるとしたピュロス王はこの業の全般に精通しており、その他のことにいかなる関心を寄せることもなかった。そこである宴会の席でフィトーネとカフィシアのどちらがより優れた楽師かと尋ねられた時に彼は、ポリフェルコンが最良の将軍であると思われると答えたのであった。このことは君主にとり自身の業すなわち軍事以外の何に精通することも、望ましいことではないということを、言わんとしたものであった。テミストクレスは、彼が楽器を鳴らすことにも歌唱することにも能がないことを、この芸能が、当時のアテネ人には大いに称賛されていたにもかかわらず、恥じる所はいささかもなかった。その一方で彼は、自身が一つの共和国を富強なものとなしたことを、大いに誇りとしたのである。バグダッドの教主ヤズィードに対してムッファ某が決起したが、その際もヤズィードが軍を指揮するよりも、詩文を作ることばかりに長けている（まさに彼はこのことをもって自身の業となしていたのである）ということ以外、どんな理由も必要とはしない程であった。

　だがなにがしかの兵器の作製に関与することは、ある君主にとり必ずしも不相応なことという訳でもない。こうした類のことがらにより、最も盛名を博したのがマケドニア王ディメトリオスに他ならない。中でも彼は、二隻の驚くべき大きさの軍艦を建造したことにより知られている。一隻は十四段櫂船、もう一隻は十六段櫂船であった。彼はほかにも多くの種類の兵器を発明している。それらは極めて巨大でまた多大なる工夫をもって作成されたものであったから、ディメトリオスの敵リュシマコスがこれらを見た時、彼は驚愕したあげく、これらが人間業ではなく神業によって成し遂げられたものと判断したほどであった。また別の人物は、ディメトリオスの仕事はその巨大さによってその友人を驚嘆させたのみならず、その美しさによって敵に対してすらある種の喜びの感情を引き起こしたと伝えている。彼の作成した兵器の中でも最も名高い兵器は城壁の粉砕機であった。だがこのことから窺い知れるように大変巨大なものであったこの兵器は、ひと月かけても一マイルしか前進できなかったのである。自身の手によって大砲の球を実に見事に発射させたことは、フェラーラ公アルフォンソ一世の威厳を損なうことでは少しもなかった。なぜならこうした事柄は、君主にとってもなにがしか評判となるような効果を有しており、また先に我々が言及したごときピュロスにより君主に相応しい業と目された、軍事上の技能に属しているからである。

秘密性というものは極めて重大なものである。なぜならこうした秘密性は君主をして、「暗闇を己の隠れ家となす」[7]〈神〉と等しきものとなすのみならず、こうして君主の意向を悟らせない結果、人民を判断停止に追い込み、彼らにもっぱら君主の指示を仰がせる効果を持つからに他ならない。また秘密性というものは言葉より行為を重んじるものである。そして前者は後者に比べ、いっそう評価されてしかるべきものである。その結果として我々は、フランス王だったアンリ二世のように実行本位の人物を、彼の後継者となったアンリ三世のような口先だけの人物より、いっそう高く評価するのである。かくして人は一般に、快活でおしゃべり好きな者よりもむしろ、寡黙で沈鬱な者の方をいっそう高く買うことになる。そこでユスティヌスは、パルティア人についてこのように言ったのであった。「彼らは口を動かすより先に体を動かすことが先に来る性分であったから、自身の運による哀歓をも沈黙のうちに秘め隠してしまう人々であった[8]」。要するに君主は行為に頼ることができる時に、口先に頼ってはならないのである。

ロードス人がローマの元老院に対して尊大にも、もしローマ元老院がペルセウスと講和しないならば、彼らの共和国は彼らにとり最も適切と思われる処置を検討することとなろうと表明した時、ローマ元老院は言葉に対して言葉でやり返すことを潔しとせず、むしろカリアとリシアに対して自由を返還する布告を発布したのであった。ローマはこれらの都市を、ロードス人によるローマに対するかつての貢献のゆえに、彼らに付与していたのである。そしてまた後には布告一本を出すことで、彼らにこの地を再度返還してやった。アガメムノンと諍いを起こしたアキレスを、行為と言葉の両方によって、支援しようとしたカルカースに対しアキレスは、実際の行為によって援助してくれ、言葉による援助など彼の考えによれば何の役にも立たないと返答したものであった[9]。

言葉の簡潔さは、それについてここまで検討してきた力量に近似したものである。というのもこうした言葉の簡潔さこそが、正しい判断と高潔な魂の徴だからに他ならない。フィロポイメンについてポリュビオスは、彼がその言葉の真実性と簡潔性とによって、万人から多大の信頼と評判を博したことを伝えている[10]。フォキオン[11]はその言葉遣いの簡潔さによって評判を博した。ポリュートの言によれば彼はこの点において、他のあらゆる弁論家たちを凌駕していた。なぜなら彼はごくわずかの言葉によって、多くの深い内容を言い表したからである。実際に彼自身、彼に「フォキオンよ、私にはあなたがたいそう思慮深い人のように思われる」と語った人に対しこう答えている。「勘違いしてはいけない。なぜなら私は、私がアテネ人のために行なう判断に際して何事かをそぎ落とすことができないものか、ただそれだけを考えようとしているだけなのだから」と。アテネ人たちはカトーの話し方の簡潔さに深い感銘を受けた。なぜなら彼がごくわずかの言葉で説明したことを、アテネ側の通訳は冗長にそしてやっとのことで翻訳したからに他ならない。そこで彼らは次のように言わざるを得なかったのである。ギリシア人の言葉は口先だけからのものだが、ローマ人の言葉は魂の奥底からのものであると。コルネリウス・タキトゥスはガルバ帝について次のように評している。「彼は彼がピソを養子として迎えることを、指揮官に相応しい簡潔さで宣言した[12]」と。ここでタキトゥスが語っているのは、皇帝に相応しい簡潔明瞭な言葉遣いのことである。なぜならこのような言葉遣いこそが、皇帝に相応しいものだからだ。言葉というものは貨幣に似たものである。なぜなら貨幣というものが他の何物にも増して、ごく少量の物質の内にいっそうの値打ちというものを包含しているのと同様に、言葉もまたそれがその内に、よりいっそうの事柄を包蔵すればするほど、よりいっそう驚嘆すべきものとなるからである。こうした点において言葉はクァットリーノ貨とかソルド貨とかジュリオ貨といった小銭よりもむしろ、スクーディ貨とか純正ドッピオ金貨といった高額貨幣(13)や、東洋の真珠やダイヤモンドに似通ったものである。

だがしゃべり方においても、その重厚さや厳格さ、でき得る限り自身について言及しないこと、自慢の言葉を口から漏らさないことといった事項が、人にいっそうの評判をもたらすものとなる。フランス王フランソワ一世やその代官ロートレックそしてブロスペロ・コロンナといった人々は、この点において欠ける所が少なくなかった。例えばフランソワ一世が、その町を占領しない限りパヴィアの包囲を解いてはならないと命じた時や、ロートレックがフランソワ一世に対して最初は、神聖同盟軍がアッダ川を渡河することはないと書き送ったり、次にナポリがフランソワ一世の手から失われることはないと書き送ったりした時、そしてまたコロンナが、フランス軍はアルプスを越えて来ることはあるまいと教皇に書き送った時に、彼らは軽率な物言いをしてしまったのだと言えよう。実際に生じた結果は、彼らのこのような傲慢さとは反対のことだったのである。他方リウィウスが書き記しているように、スペイン諸都市の代表たちに対してスキピオは「己の力量に対して抱いた信頼に基づく心のかかる気高さをもって、彼は彼自身がかつて行なった言葉と寸分違わぬ言葉しか口にするものではないと語った」が、かくして「彼が発言した一切の言葉を通じて、この人物の自信と共にその威厳がにじみ出ていた」[14]。またプロブスがティモレオンについて、「事実彼の口からは傲岸不遜ないかなる言葉も発せられることがなかった」と評したの[15]もその通りである。ヴェスパシアヌス帝は皇位に推戴された時、「その新しい境遇においても、彼にはいささかの尊大さも、いささかの傲慢も、いささかのことあたらしい振る舞いも見られなかった」[16]が、このことも負けず劣らず驚くべきことと言えよう。

物言いにおいてはまた、誇張した物言いをすることを避けなければならない。なぜならこうした誇張した物言いは、語られたことの信頼性を損なってしまうし、それを語った者の物事に対する未熟を、暴露してしまうものだからに他ならない。このような物言いは、女子供がもっぱらにすることだからである。その点でヌミディア王ユグルタについてサルスティウスが、「彼は多くのことをなしたが、自身についてはごくわずかしか語ることがなかった」と記していること[17]は、実に注目に値する。プルタルコスもまたエパミノンダスについて、彼が多くの知識を持っていたにもかかわらず、ごくわずかのことしか語ろうとはしなかったと言っている[18]。

生活と行動の一貫性と支配のありかたの不動性もまた、君主に評判をもたらすものである。タキトゥスも注目したようになにがしかの神々しい側面があったにもかかわらず、ガルバ帝にはこの点において欠ける所があった[19]。君主たる者、どんな類の人間とも親しく交わりを深めればよいというものではない。とくにおしゃべりな人間とは交際を持ってはならない。なぜならこうしたことにより本来秘密にしておかなければならないことが流布してしまい、彼らは人民の間における君主の信頼を損なってしまうからである。君主は彼が相談したり、彼が召し使ったりする者に応じて評価を蒙ることになるのだということを、確かなこととして心得ておかなければならない。イギリスのヘンリー四世は王位に就くや、若いころの悪友仲間との交際を断ち切り、彼らの代わりに重厚で力量のある人々をその側近に起用したのであった。そして彼は、こうした側近たちによる職務の遂行や献策を通じて、王国を支配するという大任や外国との和戦両様の交渉の仕事を担い切ったのである。まさにこのような態度によりヘンリー四世は、賢明で栄誉に満ちた君主となったのであった。

「己の姿を継続的に他人の耳目にさらすことは、彼らの間に倦怠を呼び起こし、かくして偉大な人物に対する敬意すら乏しいものにしてしまう[20]」という言葉があるように、君主たるもの己の肖像を安易に複製させたり、至る所に置いたりすべきではない。それは限られた時と場所において為されるべきである。この考えに基づき公務に専心したペリクレスは、公職に就く前にしたがっていた一切の事から手を引き、彼が祖国を統治した長い年月の間、他人の家で食事をとることは一度たりともなかった。というのも他人との交際というものほど、君主の尊厳を損なうものはないからである。もしあなたがこうした友達付き合いの中で、重々しい態度を保とうとすれば、あなたが行動を共にしている人々にとって、あなたの存在は必ずや疎ましい重荷となるものとなってしまうことだろう。もちろんこうした考えがあらゆる談合や、あらゆる会話に適用されるという訳ではもちろんない。だが君主はたとえその他の事柄については、その友人たちを介してないしはその官僚の働きを通じて行なうにせよ、少なくとも重大な案件については、自身の主体性を厳守しなければならない。他方ペリクレスはしばしば、卓越した哲学者アナクサゴラスと親しく交際しているが、この人物の高い識見がペリクレスの魂を、通俗的な考えを遥かに超えた英雄的行為に駆り立てたのである。

封臣たちの服従を確実なものとせよ。そして重大事についての彼らのあなたへの依存を確固たるものとせよ。君主たるもの自身の偉大さや優勢、そして尊厳にかかわる大事を、誰とも共有してはならない。ここでいう偉大さや優勢、そして尊厳にかかわる大事とはすなわち、法や特権を制定し、開戦と講和を宣し、戦争の平和の諸任務にかかわる官吏を選任し、法によりそれらを剥奪された者に対し、生命と名誉と財産にかかわる大赦を与える元首の大権のことに他ならない[21]。

自身が発した言葉を守るということは、決しておろそかにすべきことではない。なぜならこの自身の言葉を守るということは、魂と判断の恒常性に由来するものだからである。

峻厳さを活用せよ。なぜならそれはメナンドロスも言うように、愉快さ以上に都市に健全さをもたらすものだからである[22]。それはあたかも甘味より苦味のほうが、より健康に有益なものであるのと同様である。だが私たちは、毎日数多くの人を死なせることを峻厳さと言っているのではない。なぜなら自分の腕の中で、病人を絶え間なく死なせることが医者にとり名誉なこととはならないように、死刑執行人の仕事に頻繁に頼るようなことは、君主にとり評判を高めることとはならないからだ。御神はしばしば、人に損害を与えることなく、ただ雷鳴をとどろかせるだけで、人の心に畏怖の情を引き起こされる。だがもし雷鳴が人に損害を決して与えないようであれば、かかる雷鳴は人を恐れさせるようなことがなくなってしまうので、千回の雷鳴の内の数回だけは現実に、概して木の頂や山の峠のような場所であるが、実際に地上を貫くことが生じる。このような御神に倣って、ごくわずかな処刑や厳格さを使って、人民にその義務や分際を守らせる君主こそが、思慮深い厳格さを備えた君主なのである。

夜の雨雲の中に隠れてユピテル大神は、
ご自身のきらめく手を使って雷電を発射される。
その衝撃により大地は打ち震え、獣は逃げまどい、
小心翼々たる思いが、死すべきものの魂を打ちひしがせる。
彼は炎の槍でアトス山を、
ロドペ山を、その他の山々を刺し貫く[23]。

実際のところ今日では、戦争のため、ガレー船の操船のため、あるいはその他の用務のため、人間ほど不足しているものはないのであるから、処刑などなるべく避けて、可能な限り人命を保存するほうが有益なのである。

難局にあたっての堅忍不抜は極めて重大なものである。なぜならそれこそが精神と肉体の偉大さを示すものだからである。繁栄のさなかにおける柔和さもまた重大である。なぜならそれは幸運に対する、それを超えた魂の在り方を示唆するものだからである。第二次ポエニ戦争に際してローマ人たちは、この二つの側面について見事なまでの心構えを示したものである。この戦争の時に彼らは、彼らの内の精華とも中枢ともいうべき人々を喪失してしまったにもかかわらず、そしてまた絶体絶命の状況にまで追い込まれてしまったにもかかわらず、少しも臆病風に吹かれたりすることはなかった。またアンティオコス王に対するアジアでの

作戦にあたり彼らはまず、まるで彼らがすでに勝利を収めてしまったかのような態度で、勝利を収めるに先立ち講和条件を提示した。そしてまた勝利を収めたのちは反対に、彼らがいまだ勝利を収めていないかのような態度で、同様の条件を示したのである。「逆境においては幸運に恵まれているような尊大な態度を示し、順境にあたっては柔和さを示すことが、ローマ人たちの当時の心得であった[24]」。

自身の能力を超えた事業に取り組んだり、それに対して名誉をもって決着をつけることが難しい交渉事や案件にかかわらないように心がけよ。このことをスペイン人は疑いなく熟知しており、彼らは一歩一歩の手堅い勝利でなければ、勝利をすら望まないほどなのである。卑俗な事業に首を突っ込んではならない。なぜならこのような偉大さも困難さもない事業が、評判をもたらしてくれることなどないからである。それゆえペリクレスはオリンピアのゼウス像の巨大な彫刻を建造しようとした時、それがその規模と費用のどちらの面で己を傑出したものたらしめるか思案したあげく、それが費用面よりその規模において傑出したものであるべきだと決心したのである。というのもこうした事物は、たとえそれが費用面でいくらかかるものであろうとも、巨大なものでなければ壮大な事業とはならないからに他ならない。事業というものはいつでも偉大なものでなければならないが、とくに君主の治世の初めにあってはそうである。なぜならその治世の残りの期間の評価もまた、その当初の事業によって推し量られてしまうからだ。すべての事業の可否の半ばは、その端緒にかかっているのである。たとえばそのスペイン支配の端緒においてスキピオによってなされた、カルタヘナに対する作戦はまさにそのようなものであった。「勝ち得た名声は直ちに確固たるものとせねばならないこと、そしてまた最初の戦闘の結果の如何が以後の作戦の全体を左右してしまうことを、彼は良く心得ていた」[25]とある通りである。それゆえ名声や評判の追求をもっぱらとする者は、事業の発端が残余の部分に多大な影響を与えるということを、よく心得ていなければならないのである。

逆にフランス人はナポリ王国の征服においてはじめにロッカセッカで、続いてチヴィテッラにおいて敗北を喫してしまった。どちらも軍事的に見て大した場所ではない。だがこの事件はあたかもカルタゴの屈服ででもあるかのように世間によって、それ自体として極めて大きな出来事と目されてしまった。つまりそれはあたかもヴェスビオの戦いにおけるマンリウスの勝利であるかのように、カンネーの戦いにおけるハンニバルの勝利であるかのように、そしてまたレパントの海戦（クルツォラーリの海戦）におけるドン・ジョヴァンニ・ダウストリアの勝利ででもあるかのように、世に喧伝されてしまったのである。なぜならカミルスによりガリア人に加えられた痛撃と同様に、そしてまたマリウスによりキンブリ人に加えられた痛撃と同様に、それが人々に慰安をもたらしたからである。

「我は名高き都を打ち立てたり。見よや我が都……城壁を……」とディドーが自画自賛したように[26]、名高い都市を創建することは世に福利をもたらすものとなるのである。それは人民に対し法律を付与することにより世に福利がもたらされたり、また壮麗なる数多くの教会を建設することにより、同じような効果が期待されるのと同様である。まことに彼自身によって造営されたエルサレム神殿によって、ソロモン王は自身の名を世に轟かせたのであり、またその助力による多いに装飾されたサンチャゴ・デ・コンポステラの大聖堂の故に、スペイン王たるアルフォンソ三世[27]もその名を世に喧伝されたのである。バッカスやセミラミデが行なったような[28]、そしてまたアレクサンドロス大王が行なったような遠征や、ローマ人が行なったシリア戦争[29]、スペイン人によるアメリカの征服、ゴドフロワ・ド・ブイヨンによる聖地や全東方への出撃[30]といった大遠征のごとく、あなたの盛名を大いに高める事業もまた、君主の偉大さをいや増すものとなる――

私の考えが確かなら、
この人を知ったからには、
和戦の術において、
この人と並ぶ高みに達した者は、
絶えて無いか極めて稀であろう[31]。

また他のある者は、それにより自身を律した思慮の卓越により盛名を博した。例えばそれによりギリシアをクセルクセスの軍勢の脅威から救い出した、テミストクレスの軍略や、カルタゴ軍のためにローマ軍を打ち破ったクサンティッポスの軍略、ローマをハンニバルの猛攻から救済したQ・ファビウス・マクシムスの軍略がちょうどそれに当たる。またコンラッディンに対抗するため老ハラルドによりシャルル・ダンジューに授けられた献策や、フランス人に対抗すべくジョヴァンニ・ダ・プロチダ[32]がシチリア人に与えた献策もそれに当たろう。大胆な行動もまた人に偉大さをもたらす契機となる。それを実現するには色々なやり方がある。例えばもしあなたがごく少数の兵士と共に大業に乗り出すなら、そのことはあなたに栄誉をもたらすこととなろう。四百人の人数で祖国を専制から解放したトラシュブロスや、五百人の人数でそれを行なったディオン[33]、わずか十二人の同志とそれを成し遂げたペロピダスが、この実例に他ならない。プルタルコスによれば、故国に立ち返りテーベの僭主たちを追放したペロピダスの功業は、暗闇と偽計によりなされる策謀の妙を凝らしたものであったという[34]。また不利な立場から優勢な敵軍に打ち勝った者もまた、名声を博することとなる。このようなやり方でミキアデスやテミストクレス、パウサニアスやレオニダス[35]そしてアレクサンドロス大王は、その永久なる名声を獲得したのであった――

かの武器を手に取れる者のみが
敵に迫られた山嶽を堅守し、
ただ一人全トスカーナに立ち向かう者のみが、
橋梁を死守した[36]。

スキピオがそうであったように、ごく短期間の間に多大な功績をあげることによっても、評判というものは獲得される。すなわちスキピオはたった一日でカルタゴ・ノヴァの都を攻め落としたのである。またカエサルは来て、見て、そして勝った人物であるが、これに対してカール五世はこの警句を少し改変し、謙遜にも「私は来た、見た、そして御神が勝利をおさめられた」とすることによって、自身にカエサルに勝る偉大さを付与したのである。

G・ドゥイリウスが「カルタゴに対する海上における最初の勝利者となった[37]」のと同様に、あるいはM・

マルケルスがハンニバルに対する最初の勝利者となったのと同様に、事業に最初に成功をおさめ栄誉を手に入れた人物もまた、評判をかちとることができる。ポエニ戦争における両スキピオのごとく、トリミダテス戦争におけるポンペイウスのごとく、事業に最後の仕上げを加える人物には、少なからぬ脚光が投げかけられるものである。なぜならクラウディウス・ネロがその兵士たちに語った事柄が、ちょうどこれらの人物には当てはまるからである。すなわち「それにたずさわる最後の担い手はいつも、出来事の唯一の原因であるかのように見なされるものである」。「後続する事柄が先行する事柄を自身の方に引き寄せたり、増大した部分が増大された部分を覆い隠すように、仕事の完成はそれによって、全ての栄誉の独占をもたらすのである[38]」。このような理屈にしたがってモッティーノはアルトタッソ将軍を待つことなく、スイス兵をノヴァラに進撃させたのであった[39]。

時によっては、栄誉を軽蔑することが評判を増すことにつながる場合もある。M・ファピウスは凱旋を行なうことを軽蔑したが、そのことから更なる栄光が生じたのである。このことについてリウィウスは「それが軽蔑されることにより時に応じて、栄光はより大いなるものに転じるのである[40]」と記している。他方タキトゥスは、自身が行なった価値ある事業についてローマに一切報告をしなかったユリウス・アグリコラについて、次のように語っている。「名声に対する韜晦《とうかい》自体が、名声の増大を助けたのである[41]」と。パウルス・アエミリウスがマケドニア戦役においてそうしたように、他人が遣り損なった仕事を受け継いで、それに良い結果をもたらすこともまた、担い手に多大な栄誉をもたらすことである。あるいはスパルタに平等を再建しようとしたアギス王のごとく、損なわれた何事かを再び立て直そうとすることもまた、それに劣らず栄誉をもたらすものである。

偉大なないしは英雄的な事柄を除いて、あまり心を労しないほうが良いし、できればそのような下らぬ事柄など引き受けないほうがましである。古代ローマのマルケルス将軍は堂々たる野戦において三十九回戦った。カエサルは同様に野戦において五十回の戦いを交わしている。神聖ローマ皇帝ハインリッヒ三世はそれを上回る、六十回の野戦に臨んでいるが、にもかかわらずこの皇帝がそのことによって、武人としてマルケルスやカエサル以上に高く評価されたことはこれまで一度たりともなかったし、今後もそうであろう。評判をかちとることの名人であったスキピオ・アフリカヌスについて、ポリュビオスは次のように語っている。すなわち彼は凡俗なる他のあらゆることを脇に捨て置いて、世に大胆と目されるあるいはさらに言えば不可能と目されるがごとき事業に常に挑んだのであった(42)。

テミストクレスについてプルタルコスは次のように語っている。特異なことであるか稀有のことであるかを問わず、彼は己の全ての言動において栄誉を渇望したと(43)。他方我々はアレクサンドロス大王について、彼がその行動のそれぞれに対して、魂の崇高さという風味を付け加えようと努力したことを知っている。なぜならアレクサンドロスは、父フィリポスがどんな手段を使っても名声を獲得しようとしたのとは異なって、顕著でかつ栄誉に満ちた行為によってのみ、これを獲得しようと熱望したからであった。事の軽重を問わず、自身が命じたあらゆる事柄に自身の名を刻み込もうとした、トラヤヌス帝の野心を嘲笑したハドリアヌス帝は、そのようなものは「壁に生えた雑草のようなもの」だと言ってのけた(44)。だがここでアレクサンドロス大王の話に戻ることにしよう。彼は評判の主要な部分を、事の壮大さという点においていた。そして極東において自身について並外れた名声を残すべく、兵士たちの宿営の周囲を大きく取り、そこに人体の比率から求められるよりはるかに大きな寝台を設置させたばかりか、さらに彼らが通常使用するそれよりずっと大きな武具や、ずっと大きな馬の手綱をも置かせたのである。

君主たる者は万事にあたり、あまりに神経質になってもならない。ベルトラン・ド・ボーはナポリ王カルロ(45)について、このことをはっきりと書き記している。戦場で彼に敗れ殺されたナポリの前王マンフレディの財宝が絨毯の上に置かれているのを見たカルロ王は、ベルトランに秤を持ってきてこの宝を分割するようにと言いつけた（なぜならその宝の大半は、黄金からなっていたからである）。ところがベルトランは「こんな秤が何の役に立ちましょう」と言い放ち、この財宝を足を使ってざっくり三つに分割してしまった。そしてさらにこう付け加えたのである。「一つは陛下のために、いま一つは王妃様のために、そしていま一つは陛下の騎士たちのために」と。カルロ王はベルトランの豪胆さを認め、彼が為した振る舞いを嘉《よみ》して彼にアヴェリーノ伯領を授けたのであった。ディオ・カッシウスは彼があまりに些細なことにまで関心を抱いたことを、ハドリアヌス帝の欠点の一つに数えている(46)。

いったん世の称賛を浴びるような事業に着手したなら、それを安易に放擲してはならない。これはそれに着手するにあたって思慮に乏しかったことや、それを断念する勇気を持っていないことを暴露しないようにするためである。マルケルスはカシリヌムの包囲に際して「将軍たるものにとり多くの事業が、着手してはならないものであると同様に、いったんそれに着手したなら安易にそれを放擲してはならないものでもある。なぜならどちらの場合にも、彼の評判の是非がかかっているからだ」とQ・ファビウスに語っている(47)。だが事業が到底成功の見込みがないことを悟った際には、「たとえ事業が無鉄砲に始められたとしても、自身が際会するあらゆる困難を見て取るや、こうした企てを手早く断念することにおいて、時を空費せぬようローマ人は賢慮をもって行動した[48]」と、T・リウィウスがルクレティウスについて語っていることを想起するがよかろう。ティベリウス帝について「ほかの死すべき存在が思い煩うのは、彼らに自身の利益と思われることに気を配ることである。だが君主たる者たちの本分はそれとは異なる。なぜなら彼らの言動の大半において彼らは、評判をこそ己が目当てとせねばならないからである」と、語られていることを思い起こすがよい[49]。また君主は、自身に発する万事がみな偉大かつ完全なものであるよう心がけねばならない。なかでも、宗教や御神の名誉に関わる事柄についてはとりわけそうである。

凱旋入城したカエサル・アウグストゥスは、
イタリアの神々に不滅の捧物として、
三百の壮大な神殿を建立した[50]。

君主はまた彼にかかわるどんなことでも、偉大さや気品が備わるよう配慮せねばならない。アレクサンドロス大王は——

法令を発布して、アペルスとリュシッポスを除いたどんな人間に対しても、彼の姿を描いたり、そのブロンズ像を作成したりすることを禁じた。[51]

アウグストゥス帝は評判に大変心を配った人物であった。そのために彼は各属州の総督たちに、才華や分別のない者どもの口や筆先に、彼の名が安易に上せられることのないようにと命じたのである。その一方で彼は、帝国領土の拡大に負けず劣らず、詩才に卓越したヴェルギリウスやホラティウスを重んじたことにより、自身を不滅の存在と化したのである。近代の人物中にあって、文筆家たちの筆を利用して自身を偉大なるものとなす術に長けていたのが、ナポリ王アルフォンソであった。またハンガリー王のマティアス・コルヴィヌスやフランス王フランソワ一世もまた、アルフォンソに劣らぬ存在である。

また君主たるものシリア王アンティオコスやフランス王ルイ十一世がそうしたように外国との交渉ごとを、身分賤しく、また性格の脆い臣下に委ねることがあってはならない。アンティオコスはその顧問官会議の長に、彼の侍医であったアポロファネスを据えたのであった。ルイ十一世もまた自身の侍医を顧問官に任じ、また自身の理髪師を大使に起用したりした。担当者の身分の賤しさはこうした交渉ごと自体の品位を損なってしまうし、また担当者の性格の脆さは、こうした交渉を進めるうえでの妨げとなる。栄誉と資質をそしてまたその職の威厳に相応しい思慮を備えた大臣を精選せよ。

シリア王だったアンティオコス・エピファネス[52]がローマ人の友と認定されていたエジプト王プトレマイオス[53]に対して軍を動かした時、プトレマイオス王の要請を受けたローマ元老院は、二人の王の間の和平を取り持とうとアンティオコスの側に使者を派遣した。その際の使節団長がC・ポピリウスである。アンティオコス王がまずその顧問団と協議の上で、彼に対して回答を与えようと返事したのに対して彼は、灰の中に立ってその手に持った棒で王の周囲に円を描きこう言ったものである。あなた方がそこを出るに先立って、和戦のどちらを取るかここで協議し、返答していただこうと。

……そして不動の態度と言葉をもって、

彼を己が意に従わせようとしたのであった。(54)

かくして王はこの振る舞いに驚愕させられ、この一人の大使の腕前に屈服させられて、ローマ元老院の意向に全てを委ねることとしたのであった。そこでリウィウスはこのように付言している。この使節派遣はローマ人に多大なる栄誉をもたらした。なぜなら彼らはアンティオコスを、その大半を彼の支配下におさめていたエジプトから、このようにしてやすやすと撤収させたからである、と。(55)

優美な衣装より重々しい衣装を愛好せよ。また派手な衣装より節度を持った衣装を選択せよ。タキトゥス帝はその治世の間、私人であった時期に身にまとうのを常とした衣服以外、決して身に纏おうとはしなかったという。偉大さは帝衣である紫衣や錦の衣を身に纏うことに基づくのではなく、その人の心胆に基づいているのである。テミストクレスは戦闘に際して殺された蛮人の体や首飾り、黄金づくりの剣の柄、絹の衣その他の宝物が海岸に打ち寄せられているのを見ながら、その友人の一人にこう言った。これらの遺物を取り集めて己が身に纏うがよい。何しろお前はテミストクレスではないのだから、と。アレクサンデル・セヴェルス帝については、次のような素晴らしい言葉が残されている。「帝権は力量の内に存し、その衣装の華麗さの内に存するのではない[56]」。リュシッポスのごとき驚くべき器量の職人により作られた、アレクサンドロス大王の彫像について生じたように、過度の壮麗さは評判をもたらすよりもむしろ、それを取り去ってしまう原因となる。このすばらしい作品はローマにおいて万人に嘉せられ、最上の賛辞をもって賞賛されていた。ここでネロ帝に、この像を黄金で塗りたくろうという着想が思い浮かんだ。だがこのことは逆に、この像の価値や評判を損なうことにしかならなかった。そこで黄金を取り除いたところ、それは以前の評判を取り戻すことができたのである。

極端な言動を避けるべきである。慌てすぎることもまたのんびりし過ぎることもないようにせよ。そして成熟した節度を保った挙措を心がけるがよい。だがどちらかを選ばなければならないとしたら、のんびりしている方が慌てていることよりも望ましい。なぜならのんびりすることは、無鉄砲であることにこれほど不似合いなことはないからだ。そしてこの無鉄砲さに勝って、評判の獲得に反することはないのである。

長持ちする評判が外見にではなくその実質によるものだということを、固く心にとめておくべきである。「悪しく基づけられた権力の名声ほど移ろい易いものはない[57]」。そして次のように言うティトゥス・リウィウスの言葉は、真実極まりないものである。「実力なき権威というものほど脆いものはない[58]」。それゆえタキトゥスは、アルタバノスが軍事に適さない者としてティベリウスとその老齢を軽侮したことを、そしてまた同じティベリウスが「彼に対する人々の嫌悪感や自身の老齢、さらにはその権力が実力にではなく単に評判の上に据えられているに過ぎないこと」を考慮した結果、ガエトリクスの脅威に対して憤怒の念を抱かなかったことを書き記した[59]のである。またタキトゥスは他の個所において、「ガルバ帝の老齢は彼に対する嫌悪感と嘲笑を掻き立てた」とも、さらにまた別の個所で「〔上ガリアの軍は〕老齢とまたその足に有する障害のゆえに体の不自由なフラックスを軽蔑した」とも書き記した[60]のである。

訳注

都市盛衰原因論

献辞

（1）　以下の献辞は、『国家理性論』との合冊で刊行されていくこととなる以降の諸版では、削除されている。

（2）　一五八八年の初版に付されたこの宛名もまた、以降の諸版では取り除かれている。コルネリア・オルシーニ・ディ・アルテンプスは、サン・ジェミニ公ヴィルジニオ・オルシーニの娘にして、枢機卿マルコ・スティッチ・フォン・アルテンプス（通称アルテンプス枢機卿。彼の名は『国家理性論』の献辞と締めくくりにおいてボテロにより言及される）の私生児たる、ガレーズ公ロベルト・ディ・アルテンプス（一五八六年十一月三日没）の寡婦であった。ロベルトとコルネリアの間には一子ジャナンジェロがある。彼女は後年チェーリ公アンドレア・チェージと再婚した。

（3）　聖カルロ・ボッロメーオ枢機卿に秘書として仕えた後ボテロは、その母マルゲリータ・トリヴルツィオの懇請により一五八六年以後、彼女の子にしてカルロの年若の従兄弟であるフェデリーコ・ボッロメーオの教育の任に当たった。同年暮れボテロはフェデリーコと共にローマに転居し、翌年フェデリーコは枢機卿に任ぜられている。後の一五九五年、カルロ・

ボッロメーオはミラノの大司教に補せられ、一六三一年九月二十一日に帰天。

第一巻

（1）この句は恐らくキケロの『発想論』第一巻第二節への言及であろう。そこには「原始時代に人間は森林を彷徨っていたが、その頃彼らはいかなる本も知らなかったし、また何がしかの結婚制度を心得ることもなかった」（homines a principio sylvestres errant et tunc nemo scivit proprios liberos, nec certas nuptias.）の一句が見られる。

（2）オルフェウスとアンピーオンは古代の神話的な詩人・音楽家で、特にアンピーオンはテーベの創建者と目されている。

（3）一五八八年版と一五九〇年版にはこの文の後に「ペルナンブコやピラティニンガ、サン・サルバトル、ポルトセキュロその他の地に見られるように」という句が挿入されている。

（4）コスモーポリとはトスカーナ大公コジモ一世が、エルバ島の都市ポルト・フェライオに対して与えた公式の名称である。一五四六年彼は皇帝カール五世よりこの地に、トルコ人海賊の襲撃防御のため、要塞を設置する権利を付与された。

（5）チッタ・デル・ソーレが、トンマーゾ・カンパネッラがその『太陽の都』に描いた、空想上の都市でないことは言うまでもない。ここに言及されるチッタ・デル・ソーレとは、同様にトスカーナ大公コジモ一世により一五八五年ごろ創建され、Civitas Soli ないしは Paradius と名付けられた、そこにおいてラテン語のみが話される理想都市のことである。

（6）ここでボテロが示唆するセレウコス王とは恐らく、セレウコス朝シリア王国の建国者セレウコス一世（前三五八―前二八〇頃）のことであろう。セレウキアの名を冠する都市のうちのいくつかは、実際には彼の後継者たちにより創建されたものである。

（7）タルメランとはすなわちティムール帝国の建国者ティムール（一三三六―一四〇五）のこと。サマルカンドは彼の帝国の首府である。

（8）今日のスロベニアのカポディストリアのこと。

（9）ガリア・トラスパダーナとは今日のポー渓谷中部地域のこと。

（10）カトリック王とは当時のスペイン王フェリペ二世のこと。

(11)　カール大帝の父であるフランク王ピピン短躯王（七一一—七六八頃）のこと。彼は七五四年に北部イタリアのランゴバルト族に攻撃を加えている。
(12)　都市ヴェネツィアの中核地域のこと。
(13)　伝説によれば、古代ローマにおけるエトルリア系王家の追放による共和政の樹立は、前五一〇年のこととされる。
(14)　アンクス・マルキウスは古代ローマ王政第四代の王（前六七五—前六一六）。
(15)　タウリスは現在のイランのタブリーズの古名。一五〇一年から一五四五年にかけてサファヴィー朝ペルシアの首都であったが、十六世紀中しばしばオスマン・トルコ帝国により占領されている。
(16)　ビティニアはトルコ北西部黒海沿岸地域の古代における名称。ブルサはトルコ北西部の都市で、一三二六—一三六五の時期にオスマン・トルコ帝国の首都が置かれた。
(17)　セプティゾニウムとはパラティノの丘を覆う巨大な装飾表面壁。二〇三年以後カレンダーとしても機能したという。
(18)　カスピ海沿岸、現在のロシア・ダゲスタン共和国の都市。市内の遺跡は「デルベントのシタデル、古代城壁、要塞建築物群」として、ユネスコ世界文化遺産にも登録されている。
(19)　サン・ジャコモ島はアフリカ西端のヴェルデ岬諸島において最大の島。現在はカーボヴェルデ共和国として独立。パルマ島はラス・パルマスのことで、スペイン領カナリア諸島最西端の島。テルセーラ島は大西洋中に浮かぶポルトガル領アゾレス諸島の島の一つ、テルセリア島のこと。
(20)　ウリシンゲンすなわちフリシンゲンはスヘルデ河口に位置する、オランダ・ゼーラント州の小都市。
(21)　ボテロがピエモンテ人であることを想起すべきである。
(22)　ピエモンテはボテロの少年期にあたる一五三六年から一五五九年にかけての時期、フランス軍やスペイン軍にしばしば占拠されている。
(23)　テスココ湖岸に創建されたアステカ帝国の旧都。スペインによる征服後その跡地の上に、征服者コルテスにより今日のメキシコシティが建設された。
(24)　今日のエジプトのスエズのこと。古代人にヘリオポリティクスと呼称された湾に位置している。

(25) この三つの枝分かれする支流とはすなわちワール川、レク川そしてアイセル川である。

(26) ドメニコ・フォンタナの指導によりオベリスクの移設工事は、本書初版刊行の直近の一五八六年九月十日に完了している。

(27) 『エゼキエル書』三二・二。

(28) 一五八八年版ではこの文章に、「上記の経験が示すごとく」という一句がさらに挿入されている。他方一五八九年版においてはその挿入句は、「カイウスの下でローマに移送されたオベリスクについて語る段でプリニウスが指摘したように」という句に取り換えられている（プリニウス『自然誌』三六・一四）。

(29) モンテネグロに所在する歴史的集落。ユネスコの世界文化遺産「コトルの自然と文化歴史地域」として登録されている。

(30) マラニョン川はその下流地域においてはアマゾン川となる。

(31) 本書の英訳版の訳者ジェフリー・シムコックスは、アントニオ・ブラジオ（Antonio Brásio）が編纂した『アフリカ宣教誌　西部アフリカの部　一五七〇年～一五九九年』(*Monumenta missionaria Africana. África occidental (1570-1599)*, Vol.3; 211) に収録された、イエズス会のポルトガル人宣教師バルタサール・バレイラによるセバスティアノ・デ・モラリス神父宛書簡の最終部分が、この個所の出典であると指摘している (G. Botero (Geoffrey Symcox tra.), *On the Causes of the Greatness and Magnificience of Cites*, Tront-Buffalo-London, University of Tronto Press, 2012)。

(32) スキタイ海とはすなわち北極海のこと。

第二巻

(1) リウィウス『ローマ建国史』一・八・五―六。

(2) このいわゆる「サビニ女の略奪」については、リウィウス『ローマ建国史』一・九。

(3) 一五二六年にジュネーブはサヴォイア公国からの独立を宣言し、一五三六年には正式にプロテスタント陣営に加盟している。一五四一年以降名高いジャン・カルヴァンの指導の下、プロテスタント陣営の牙城として、カトリック陣営と鋭い対立のもとに置かれた。

（4）　プファルツ・ジンメルン公ヨハン・カジミール（一五四三―一五九二）のこと。一五八三年から一五九二年にわたってプファルツ選帝侯の摂政を務めた。ドイツにおけるカルヴァン派諸侯の代表的存在。

（5）　ポルト・フェライオはエルバ島北東部に位置する港町。メディチ家のトスカーナ大公コジモ一世（一五一九―一五七四）は、一五四八年以降その防衛力を強化するためこの都市を大改造し、自身にちなみコスモーポリ（コジモの都市）の名称を授けた。第一巻訳注4も参照。

（6）　第二代トスカーナ大公フランチェスコ一世（一五四一―一五八七）。前記コジモ一世の長男。ここではフランチェスコ一世の政策として言及されているが、史上名高いのは彼の弟で、トスカーナ大公位を継承したフェルディナンド一世によるリヴォルノ港の自由貿易港化である。

（7）　『ルカ福音書』八・六。

（8）　ボテロはここで、共和政体をとる都市が君主政体をとる都市と比べ、いっそう容易に発展するという論題を、マキャヴェッリから受け継いでいる。マキャヴェッリのこうした見解については、『ディスコルスィ』一・五八等を参照せよ。

（9）　アポリナーリ競技は前二一二年に制定された祭典で、毎年アポロンの礼賛のために催された（リウィウス『ローマ建国史』二五・一二を参照）。

（10）　アルバ・ロンガは古代イタリアの都市。都市ローマの開祖たるロムルスが、アルバ・ロンガ王家の出身であることから、ローマの母とも位置づけられる都市である。ローマ第三代の王トゥルス・ホスティリウスの時代にローマに併合され、住民は全てローマに移されたという。後世のローマの有力貴族が、アルバ・ロンガの出身を名乗っている。

（11）　ボテロ『国家理性論』第六巻第四章。

（12）　プリニウス『博物誌』五・一四。

（13）　「仮庵の祭」「過越の祭（ベサハ）」「七週の祭（シャブオット）」がユダヤ教の三大祭礼とされる（『申命記』一六・一六）。

（14）　フラヴィウス・ヨセフス『ユダヤ戦記』六・九・三。

(15) 北イスラエル王国初代の王。当初イスラエル王ソロモンに仕え重用されたが、のちに不和となりエジプトに逃亡した。ソロモンの死後その子レハブアムに対抗し、イスラエル十二部族中十部族の王に推戴される。

(16) 『列王記』上 一一・二八。

(17) 『詩篇』二・四。

(18) 『イザヤ書』一九・一一及び一三—一四。

(19) ここではオスマン・トルコやカルヴァン派の隆盛を、カトリック信者の信仰心の弱さに対する神の警告として説明している。ボテロはこうした考え方をすでに、一五八三年ミラノにて刊行した『王の叡智について』という著作において表明している。

(20) マキャヴェッリとその追従者に対する批判である。

(21) 『列王記』上 一五・二九。

(22) ここに記されたロレートからモン・サン・ミッシェルを経てサンチャゴ・デ・コンポステラに至る地名は、イタリアからフランスを経てスペイン北部ガリシアに至る、いわゆるサンチャゴ巡礼路の諸中継点に他ならない。カルヴァン派への言及は、この経路の途中のフランスにおける同派の存在が、サンチャゴ巡礼の障害となっているとボテロが見なしていたことを示すものである。

(23) 以降の部分にはボテロがボッロメーオ枢機卿に秘書として仕えた、二年余り(一五八二—一八五四)の豊饒・有益な歳月についての、敬虔かつ感動的な追憶が反映されている。

(24) これについては『国家理性論』第三巻第一章を参照。

(25) 以降の部分にはミネルヴァという名の起源を quia minuit nervos(「なぜならそれは神経をすり減らしてしまうものだから」)という言葉に求める、空想的語源学が示唆されている。ミネルヴァという名の意味についてのかかる示唆は部分的には、『神々の本性について』二・六六及び三・六二において、キケロによっても提示されている。

(26) ミラノの僭主ガレアッツォ二世ヴィスコンティ(一三二一—一三七八)のこと。一三六一年パヴィア大学を創設し、翌年ここに記されたような法令を発した。

(27) キケロ『トゥスクルム対話』二・二五・六一。
(28) ヤギェウォ朝のポーランド王ジギスムンド一世（在位一五〇六―一五四八）。
(29) フェリペ二世は一五五九年十一月二十日に署名され、一五六八年に公布された条例によって、臣下のスペイン人に対して、国外の大学に就学することを禁じた。
(30) 元来一五八八年の初版においてこの個所では、より詳細な議論が繰り広げられていたが、一五八九年『国家理性論』が刊行されるに際して、当初の節は、同書の第八巻第三章に「勤勉について」として転載され、それ以降の『都市盛衰原因論』の諸版においてはここに見るような簡略化された指示が挿入されるにとどまっている。ただし一五九〇年刊行の本書のローマ版では、一五八八年初版に掲載された内容が、保存されたままとなっている。
(31) 『デカメロン』第一日目の「まえがき」においてボッカッチョにより記述された一三四八年のペスト大流行のこと。
(32) カリカットはここではマラバールと称される、インド南西部の海岸地域一帯のことを指している。
(33) シーラーズは現イランの南西部の都市。ファルース州の州都。古代にはこの地域にアケメネス朝ペルシア帝国の本拠地が置かれた。
(34) アラスはフランス北部の都市。パ・ド・カレー県の県庁所在地。
(35) 以降の記述とほぼ同様の記述が『国家理性論』第四巻第七章に見られる。
(36) コーチンはインドのマラバール地方にかつて存在した都市国家。現在はケララ州に属す。一五〇三年にポルトガルにより植民地化。
(37) 原語は fuochi（竈）。当時の課税制度上の基本単位であり、奴隷を含む一家族全体を一つにまとめてこのように呼称する。
(38) オルティコリはローマから六十キロ以上離れた、カッシア街道沿いの集落。ナルニの街の手前にあたる。
(39) 古代アルメニア王国最盛期の王ティグラネス二世は、前三八年に自身の名を冠した新都ティグラノセルタを建設し、ここに王国の首都を移転した。この都は中近東の商業と文化の中枢都市として大いに繁栄した。しかしティグラネス二世が対ローマ戦争（アルメニア戦役）に敗北した結果、前六九年十月この都はローマ軍により、徹底的な破壊・略奪を受け廃墟となった。プルタルコスはその『対比列伝』において「この偉大な都市が壊滅的な破壊から復興することはないであろう」と、この都市の滅亡について書き記している。

(40) ディオ・カッシウス『ローマ史』三六・二・三、及びプルタルコス『英雄伝』「ルクルス伝」二六・二。

(41) 本書第二巻第十章のこと。

(42) ホメロス『イリアス』九・三八一―三八三。

(43) ディオドロス・シクルス『歴史叢書』一・四五。

(44) 『国家理性論』第五巻第七章。

(45) 一五八八年版と一五八九年版においてはこの個所に続いて、「今日この都市はブラッコ、旧カイロ及び新カイロと称される三つの地域に分断されているが、その相互の間はおよそ一マイルばかりも離れている」という一文が付け加えられていた。

(46) アリオスト『狂えるオルランド』一五・六三。

(47) ディオドロス・シクルス『歴史叢書』二・三。

(48) 『ヨナ書』三・三。

(49) ヘロドトス『歴史』一・一七八・二。

(50) アリストテレス『政治学』三・三・三〇。

(51) アッバース朝第二代教主アブー・ジャアファル・アブドゥッラー・イブン・ムハンマド・アル＝マンスール、通称アル・マンスール（在位七五四―七七五）のこと。アッバース朝の首都バグダッドの建設者として知られる。

(52) パオロ・ジョーヴィオ『同時代史』三三。

(53) イラン北西部の都市。十三世紀にイル・ハン国がここを都として以来、黒羊朝、白羊朝、サファヴィー朝とイラン歴代の王朝の首都となった。

(54) 文脈から勘案するにここでボテロの言うタタール人のモンゴル帝国とはすなわち、当時アクバル大帝治下最盛期を迎えていた、インドのムガール帝国のことのようである。他方カタイ人のモンゴル帝国とは、本来の本拠地であるモンゴル高原に残存し、明帝国と対抗関係にあったモンゴル人国家（十六世紀初頭ダヤン・ハーンのもとに再興が果たされた）のことを指すものと考えられる。

(55)　インドのムガール帝国初代皇帝バーブル（一四八三―一五三〇）のこと。中央アジアに生まれたが後にアフガニスタンを征服しさらに北インドに進出して、のちのムガール帝国の始祖となる。父から中央アジアの覇王ティムールの、母方からチンギス・カンの血を引いており、ムガールという名もまたモンゴルが訛ったものである。

(56)　カンベイ王国とはすなわちこの地を支配したグジャラート王国（一四〇七―一五七三）のことと考えられる。カンベイ王国をはじめとするイスラム諸国家の連合艦隊は、アルメイダ率いるポルトガル艦隊にディーヴ沖海戦（一五〇九）で敗北し、ディーヴ島にポルトガル商館を設置することを受け入れた。一五七三年にはムガール帝国のアクバル大帝の攻撃を受けて滅亡した。「カンベイ王国の征服者マハムードの息子たちにより……」という記述はこのことを指しているようである。カンベイ（今日のカンバート）は同名の湾に面した、今日グジャラートと称される北インドの地域の都市。古来よりインド有数の港湾都市として栄えたが、土砂の堆積によりその港が機能不全に陥ったことにより、今日ではすっかり衰退してしまっている。この都市はマルコ・ポーロやマリン・サヌードなど多くのイタリア人の著書に言及されたが、なかでも重要なのは一四四〇年にこの地を実際に訪問したニッコロ・デ・コンティのもので、彼はこの都市の外周を十二マイルと記述している。ボテロのカンベイ王国に関する記述も、これら旅行家の記述によるものと考えられる。

(57)　チトル（チトルガート）は今日ラジャスタン州に位置する都市。チトルに関する記述は全てマッフェイの『インド史』、とくにその第十一巻に基づいている。

(58)　ムガール皇帝バーブルと対立したラージプート同盟の首領であった、メワール王サングラーム・シングの妃ラニ・カルナヴァーティのこと。マッフェイの『インド史』においては、一五三五年（三六年ではない）グジャラート朝のバルハドゥール・シャーの攻撃に屈したこの王妃のことを、女王《レイーナ》クレメンティナという名をもって紹介しているが（発音の類似によるものであろう）、彼女は一五二七年の夫の死の後、二人の間の子ラタン・シング二世とヴィクラマーディティヤ・シングという二人の王の摂政の任にあった。

(59)　カンバリクはすなわち今日の北京。元帝国時代の首府として中国式には大都と呼ばれた都市である。カンバリクの名はマルコ・ポーロ『東方見聞録』に由来する。ただしこの時期の北京は中国人の明帝国の首都となっており、この点ボテロのアジア認識には少なからぬ混乱がある。

(60)　スンティエンは杭州、パンチンは北京、アンチンは南京のことである。注59でも触れたがボテロは元帝国の首府であったカンバリクと明帝国の首都であるパンチンが同一の都市であることを正しく認識していない。あるいはこのカンバリクと元帝国の上都であるカラコルムのことが混同されている可能性もある。後にも触れるがボテロをはじめ当時のヨーロッパ人の多くが中国のことを、元帝国の伝統を受け継ぎモンゴル人の支配下に置かれるカタイと、明帝国のもと中国人により支配される南部中国（いわゆる中国）という、二つの地域として把握していたため、このような混乱が生じたものと思われる。

(61)　杭州には十二世紀中国人の亡命政権である南宋の首府が置かれ、行在ないしは臨安と称された。行在とは皇帝の臨時の座所のことであるが、この中国読みアンザイをマルコ・ポーロが『東方見聞録』に訛ってキンザイと記述したことから、この地は西洋においてキンザイの名で知られることとなる。

(62)　杭州がそのほとりに存在する西湖のことであろう。古来より西湖は中国第一の名勝として名高く、世界遺産にも指定されている。

(63)　おそらく杭州の地を貫流する銭塘江のことか。

(64)　杭州はその美観と富裕により古来より、「上に天国あり、下に蘇州・杭州あり（上有天堂、下有蘇杭）」と称えられている。

(65)　以下の個所においてボテロは彼自身の中国に対する特別の関心と、この国について近日に提供された幾つかの資料に触発されて、長々とした脱線を繰り広げている。彼が用いることができた中国に関する資料は、旅行者たちからの聞き書きや宣教師たちの書簡、そしてとりわけゴンザレス・デ・メンドーサ『大中国に関する事物や儀礼そして慣習に関する書』（一五八五年）とジョヴァンニ・ピエロ・マッフェイ『インド史』（一五八八年）の大部の要約本であった。

(66)　カンタンはすなわち今日の広州。古くより南海貿易の中心地として栄え、後に清代に入り海禁政策が実施されると、対外交易の唯一の窓口としてこの地においていわゆる広東貿易が行なわれた。十六世紀末の当時にあってもポルトガル人は、その中国における根拠地マカオとの近接性によって、広州（広東）と盛んに交易を行なっていた。

(67) スーチョはすなわち今日の蘇州。古来より絹織物産業の中心地として富裕であった。
(68) ウーチョはすなわち今日の漢口。長江中流の物流・交易の中心地として明代より発展。
(69) チェンチェオはすなわち今日の泉州。唐代以降西方との海上交易の中心地として栄え、元代にはペルシア人やアラブ人の居留区が設置された。『アラビアンナイト』ではシンドバットの居住地とされている。泉州の戸数七万個とは前述メンドーサ師の著作に基づく数字であろう。
(70) マルコ・ポーロもこの泉州を「ザイトン」として『東方見聞録』に書き残した。
(71) 胃石は反芻動物の消化作用により作り出される物質で、古代中世の薬学においては奇跡的効果を発揮する素材として珍重された。また香料や媚薬として用いられることもあったようである。
(72) 以上の描写は、前出マッフェイ『インド史』第六巻が出典。この書の第六巻は中国に関するボテロの情報の主要な典拠となっている。
(73) いうまでもなく茶のことである。
(74) 大青は青色の染料を産出する植物。
(75) 中国古代の神話的帝王である黄帝のこと。ビテイという名は前出メンドーサの書物に由来している。
(76) 一キンタル＝百キログラム。
(77) 第二巻注59参照。
(78) フランチェスコ・アルヴァレスは、十五世紀半ばコインブラに誕生したポルトガル人の聖職者。長年エチオピアに滞在し一五二七年に帰国、故国にエチオピアについての最初の実証的知識をもたらした。これらの情報は一冊の報告書にまとめられたが、ボテロはこれを一五八八年ラムージオが刊行した『航海と旅行』掲載の縮約版によって読んだものと考えられる。
(79) エチオピア皇帝の称号。正式にはネグス・ナガスト（諸王の王）と称する。
(80) プレスター・ジョンは中世西欧の説話に登場する東方のキリスト教的祭司王。十六世紀前半ポルトガルの宮廷は、当時のエチオピア皇帝ダヴィド二世をもってこのプレスター・ジョンの末裔と見なしていたが、こうした誤解が生じるにあたっては前出アルヴァレスの報告の影響が大きかった。
(81) トレビゾンドは今日の黒海沿岸にあるトルコの都市トラブゾンのこと。十三世紀から十五世紀にかけてこの地にトレビゾンド帝国が存在し、黒海交易の一大中心地となった。ブルサについては第一巻注16を参照。
(82) 黒海ならびにマルマラ海のこと。
(83) 多島海とはすなわちエーゲ海のこと。
(84) これは言うまでもなく古代ローマ市に存した七つの丘に倣ったものである。
(85) 今日も残るオスマン帝国皇帝の居所トプカピ宮殿のこと。
(86) 今日のアルジェリア西部の都市トレムセンのこと。ベルベル人系のイスラム国家ザイヤーン朝(一二三六―一五五〇)の首都が置かれた。
(87) フェズはアフリカ北西端に位置するモロッコ王国北部の内陸都市。イドリース朝、マリーン朝、ワッタース朝、アラウィー朝などモロッコ歴代王朝の首都として繁栄した。
(88) 一五九一年のナポリの人口はおよそ二十一万人と見積もられている。
(89) ポーランド南部の都市クラクフは歴代のポーランド君主、とくにヤギェウォ朝のポーランド国王の座所であり、カジミェシュ三世のもとユダヤ人を積極的に受け入れ、地域交易の中心地として繁栄した。ヴィリニュスは歴代のリトアニア大公の居所であったのみならず、今日もリトアニア共和国の首都の地位にある都市。
(90) ウラジーミルは一一〇八年に創建されたとされるロシアの古都で、ウラジーミル大公国の首都として十二世紀に最盛期を迎えたが、モンゴルの侵攻により壊滅的打撃を蒙り衰退した。ノヴゴロドはその創建を九世紀にまでさかのぼると言われるロシア最古の都市。ノヴゴロド公国の首都であり地中海―黒海―バルト海を結ぶ交易ルートの中心として、ドイツのハンザ同盟とも連携しつつ経済的に大いに繁栄したが、一四七一年長年のライバルであったモスクワ大公国に敗れ征服されている。
(91) モスクワのいわゆるクレムリン宮殿のこと。
(92) パレルモ最古の街路。一五六七年に当時のスペインのシチリア副王ガルシア・アルバレス・デ・トレドの計画により拡張整備された。そのため往時はトレド通りと呼ばれたが、今日ではヴィットーリオ・エマニュエレ大通りと称されている。

(93) 同じく副王トレドの命により実現した、パレルモ港の大拡張工事をさす。この工事は一五九〇年まで続行された。

第三巻

(1) アリストテレス『政治学』七・四・二〇。プルタルコス『英雄伝』「ソロン」二二。マキャヴェッリ『ディスコルスィ』一・六および二・三。

(2) 本書第二巻第二章。

(3) 『国家理性論』第八巻第七章。

(4) この見解はボテロが依拠するマキャヴェッリ的思考をよく示している。それによれば人間の経験は我々に対して力が法に優越すること、それゆえ力なくしてはいかなる安泰も我々に与えられないことを示している。そして正にこのことこそが、都市の繁栄の要因を探求するという、本書の課題が必要とされる所以に他ならない(他方ボテロのこうした探求は、力をマキャヴェッリとは異なる意味において定義するに至っている)。

(5) ピュロスやカルタゴ人との戦争とはすなわち、前二八〇―二七五にかけエペイロス王ピュロスとローマ共和国の間に交わされたいわゆるピュロス戦争と、ハンニバル麾下のカルタゴ軍と同じくローマ共和国の間に生じた第二次ポエニ戦争のこと。ヌマンティア戦争(前一五三―一三三)はスペイン内陸のケルティベリア人とローマとの間に行なわれた戦争。ヴィリアトゥスは同じくスペイン西部に割拠したルシタニア人の首領。ローマに激しく抵抗したが、ローマの執政官セルヴィリウス・カエピオの謀略により前一四〇年に暗殺された。彼に指導された抵抗戦争がルシタニア戦争(前一五五―一四〇)である。セルトリウスはスペイン全土を掌握し、中央政府に大規模な反乱(セルトリウス戦争。前八〇―七二)を引き起こしたが、後にポンペイウスにより鎮圧されている。

(6) ハリカルナッソスのディオニシウス『ローマ古代誌』二・一六・二。

(7) リウィウス『ローマ建国史』一・四四。マキャヴェッリ『ディスコルスィ』二・三。

(8) ここに問題とされているのは単なる都市の維持ではなく、都市の繁栄の維持である。つまりここにおいて検討に付されているのは、都市の数量的規模なのである。
(9) 主に地中海上の島々のことを指すと考えられるが、中世以来知られていた一部の太平洋上の島々のことも含まれているようである。
(10) カエサル『ガリア戦記』四・三・一―二。
(11) アイマラ族はボリビア・ペルーの山岳地域に住む先住民族。インカ帝国に先立ちティワナコ文化、ワリ文化などいわゆるプレ・インカ文明の担い手となった。
(12) ペグーは南部ビルマを領域とする王国。英主ビンニャー・ラン二世がポルトガル傭兵を雇用し火器を積極に活用したことにより大いに発展したが、その子ターカユッピの時代に北ビルマのタウングー朝の攻撃を受け滅亡した。ポルトガルの航海家トメ・ピレスはその地の肥沃と良港を賞賛しており、首都ペグーは東南アジアの貿易ネットワークの中心の一つとなっていた。なお、一五八九年版と一五九八年版における活字の不鮮明により、従来この箇所はペルーと誤読されてきた。本訳が底本としたL・フィルポによる近代校訂版もペルーとする理解を踏襲しているが、二〇一六年刊行のR・ディシェンドレによる最新の校訂に即してペグーとした。
(13) 本書の他の箇所においては、エチオピアと言う地名は現在のエチオピアに相当する、限定された地域の名として用いられているが、この箇所においてのみこの語は、古代の用法に従いアフリカ東部の広大な地域全般を指す曖昧な意味の語として用いられている。ナサモニ族はヘロドトスや大プリニウス、ストラボンらの著作にも登場する古代リビアの部族。カフリとはアフリカ南部のインド洋に接する海岸地域一帯に住む原住民を指すためにポルトガル人が用いた言葉で、元来アラビア語で「不信心者」を意味した。
(14) マキャヴェッリ『ディスコルスィ』二・八。
(15) 本訳においては底本とした一五八九年版と、一五九八年版に従うフィルポの校訂版に即し、この箇所に続く以下の行句を省略した。「セヴェルス帝はブリタニア島において、八十マイルに及ぶ長城を用いて、属州となった地域をローマに従わない地域から切り分けた。また中国の王は長さ六百マイルを超える長城により、自身の王国をタタール人の脅威から守護しているのである」。

その最盛期にローマにはどれほどの人口があったのか

（1）すなわち紀元前四七六年である。
（2）ハリカルナッソスのディオニシウス『古代誌』九・二五・二。彼の記述に正確に従えば、十一万人である。
（3）ナウクリティスのアテナイオス『食卓の賢人たち』六・一〇三。
（4）アテネにおける前述の比率（2：1）をローマに適用し、青年市民四十五万人プラス子供十五万人の合計六十万人の半分として、外国人三十万人という数字が算出されたものであろう。
（5）プルタルコス『英雄伝』「クラッスス」二・五。
（6）ティトゥス・アニウス・ミロのこと。ローマの政治家。前四八年没。
（7）聖パオラはベツレヘムに隠遁し三八六年、そこに宗教的共同体を創設した。
（8）聖ヒエロニムス『書簡集』三九および六六（Migne, Patrologia Latina, vol.22）。
（9）エウノスはシチリアにおける最初の奴隷反乱（前一三九）時の指導者。
（10）フロルス『ローマ史略』二・七・六—七。
（11）アンティオンは前一〇一年のシチリアでの二回目の奴隷大反乱の指導者。
（12）この数字を六万とする底本としたフィルポ校訂版の誤りを、ディシェンドレの指摘に従い、出典であるフロルス『ローマ史略』二・七・一〇の記述に基づき訂正する。
（13）フロルス『ローマ史略』二・七・一一。
（14）スパルタクスは前七三—七一に起こった、南部イタリアの奴隷大反乱の首領。
（15）『神君アウグストゥス言行録』二五・一。

中立について

(1) この小論考は既に『国家理性論』第六巻第十七章で取り上げた内容を、敷衍したものである。

(2) ポリュビオス『歴史』二・四七・五。

(3) ユスティヌス『地中海世界史』九・八・九。

(4) トゥキュディデス『戦史』一・一八―一九。

(5) プルタルコス『英雄伝』「アゲシラオス伝」三七・一〇。

(6) リウィウス『ローマ建国史』九・三・一二。

(7) リウィウス『ローマ建国史』二・二七・三。プブリウス・セルヴィリウス・プリスクス・ストルクトゥスは共和政ローマ初期の政治家・軍人。

(8) リウィウスに基づくここでの記述は、セルヴィリウスが平民からの支持をかちとるため、彼らの債務の帳消しを政策として提唱したことを指す。

(9) リウィウス『ローマ建国史』三二・二一・三四―三五。

(10) タキトゥス『ゲルマーニア』一六。

(11) ヴェルギリウス『アエネース』六・一二九。

(12) リウィウス『ローマ建国史』四二・三〇。

(13) ヴェルギリウス『アエネース』一・二六。

(14) リウィウス『ローマ建国史』三〇・三〇・二〇。

(15) ゲンティウスはマケドニア王ペルセウスと同盟を結んだイリリア人の王。前一六八年の第三次イリリア戦争に際しローマの将軍ルキウス・アニキウス・ガルスに敗れ、捕虜となった。

(16) エジプト・マムルーク朝の君主アシュラフ・カンスーフ・ガウリー（在位一五〇一―一五一六）。マルジュ・ダービクの戦いにおいてオスマン・トルコ軍に大敗し、戦死した。

(17) スパルタ王アルキダモス三世（在位前三六〇—前三三八）。

(18) トランシルバニア公バートリ・ジグモンド（一五七二—一六一三）。オーストリア・トルコ戦争に際して、従来の中立政策を一変、オーストリア側につき参戦した。

(19) すなわちこの兵士は一冬を現地で無為に過ごすこととなる。

(20) リウィウス『ローマ建国史』二五・三八・一八。

(21) リウィウス『ローマ建国史』二六・四一・九—一〇。

評判について

第一巻

(1) タキトゥス『年代記』一五・二六。

(2) アウレリウス・ヴィクトル『史略』「アントニヌス・ピウス伝」。

(3) ここでボテロはキケロの『国家論』を想起している。

(4) タキトゥス『年代記』六・三〇。

(5) アリストテレス『政治学』七・一三。

(6) ヴェルギリウス『農耕詩』三・八—九。

(7) ホラティウス『書簡』一・一七・三三—三四。

(8) ホラティウス『書簡』二・一・一—三。

(9) ヴェルギリウス『アエネース』六・八五一—八五三。

(10)『国家理性論』第一巻第五章の内容を指す。

(11) リウィウス『ローマ建国史』三二・三五。

(12) アリオスト『狂えるオルランド』一五・一・三―四。
(13) プルタルコス『モラリア』「エロス談義」二一・一四―一五。
(14) ペトラルカ『抒情詩集』二・二三。
(15) タキトゥス『年代記』一二・一一。
(16) ディオ・カッシウス『ローマ史』四八・三。
(17) オウィディウス『祭事暦』五・二五―二六及び二九―三〇。
(18) リウィウス『ローマ建国史』五・二六。
(19) 「勇者シッド」とあだ名されるロドリーゴ・ルイス・デ・ビハールは中世レコンキスタ運動期スペインの国民的英雄。
(20) ジェルジ・カストリオティ、通称スカンデルベグ（一四〇五―一四六八）は十五世紀アルバニアの君主・傭兵隊長。アルバニアを統合、オスマン・トルコとの戦いにおいてたびたび勝利を収め、教皇カリスト三世より〈信仰の守護者〉の称号を授与され、今日なおアルバニアの民族的英雄として崇拝される。
(21) タキトゥス『年代記』六・三九。

第二巻

(1) リウィウス『ローマ建国史』一・一〇。
(2) タキトゥス『同時代史』二・八〇。
(3) 『列王記』下、二〇・一二―一三。『イザヤ書』三九・一―二。
(4) エウリピデスの『ヘラクレス』の内に、実際にはこのような記事を見出すことはできない。
(5) 『ローマ皇帝群像』「二人のガリエヌスの生涯」一一。
(6) この語の意味は不明。
(7) 『詩篇』一八・一二。
(8) ユスティヌス『地中海世界史』四一・三・八。

（9）　ホメロス『イリアス』一・七四以下の不正確な言及。
（10）　ポリュビオス『歴史』一一・一〇・四。
（11）　フォキオン（前四〇二?―前三一八）はアテネの政治家・武将。プラトンの弟子で、アテネ軍を率いる将軍としてたびたび戦功を立てたが、政争に敗れ処刑された。プルタルコス『英雄伝』中に「フォキオン伝」がある。
（12）　タキトゥス『同時代史』一・一八。
（13）　クァットリーノ貨はトスカーナからローマにかけての中部イタリア地域で、ソルド貨は北イタリア各地（ミラノ、ジェノヴァ、ヴェネツィア）で流通した少額銀貨。ジュリオ貨は同じく教皇領で用いられた少額銀貨。他方スクーディ貨はヴェネツィア一帯で用いられた高額銀貨であり、デュカート金貨とほぼ等価値であった。ドッピオ金貨は教皇領やジェノヴァに流通した金貨。
（14）　リウィウス『ローマ建国史』二六・一九・一四。
（15）　コルネリウス・ネポス『名将伝』二〇・四。
（16）　タキトゥス『同時代史』二・八〇。
（17）　サルスティウス『ユグルタ戦記』六・一。
（18）　プルタルコス『モラリア』「ソクラテスのダイモニオンについて」二三・五九三。
（19）　タキトゥス『同時代史』一・五。
（20）　出典不明。
（21）　タキトゥス『年代記』一五・三一。
（22）　これに類する文言は今日に伝わるメナンドロスの断片の中には存在しない。
（23）　ヴェルギリウス『農耕詩』一・三二八―三三三。
（24）　リウィウス『ローマ建国史』四二・六二・一一。
（25）　ここにおいてボテロはタキトゥスがアグリコラについて書き記した言葉を、スキピオに関するものとして誤って言及している（タキトゥス『アグリコラ伝』一八）。

(26)　ヴェルギリウス『アエネース』四・六五五。
(27)　アストゥリアス王アルフォンソ三世（八四八頃—九一〇）はイベリアのイスラム教徒と激しく戦い領土を拡張する傍ら、本文にあるとおりサンチャゴ・デ・コンポステラ大聖堂を創建した。
(28)　ローマ神話の葡萄酒の神バッカスはギリシア神話のディオニソス神に比定される神格であるが、ディオニソスは自身に対する信仰を普及させるため信者を引き連れ、ギリシア、エジプト、シリアを放浪しインドにまで至ったという。セミラミスは伝説上の古代アッシリアの女王。中近東各地を征服し最後にはインドを侵略した。
(29)　ローマ・シリア戦争（前一九二—前一八八）を通じたローマ軍の中近東征服を示唆すると思われる。
(30)　下ロートリンゲン公ゴドフロワ・ド・ブイヨン（一〇六〇—一一〇〇）は十字軍に参加し功名を挙げ、エルサレムの支配者となり聖墓守護者を名乗った。中世においては十字軍の最高指導者として英雄視され、中世騎士道の九大英雄の一人とされる。
(31)　ペトラルカ『凱旋』「名声の凱旋」二・一四五—一四七。上記ゴドフロワ・ド・ブイヨンに関する記述。
(32)　ジョヴァンニ・ダ・プロチダは世に言う「シチリアの晩鐘」事件（一二八二）の立役者として、シチリア人の征服者シャルル・ダンジューに対する蜂起を画策した人物。
(33)　トラシュブロスは古代アテネの将軍・政治家でいわゆる三十人僭主に反抗した人物。ディオンは古代シラクサの政治家で、僭主ディオニソス二世に反逆した。
(34)　プルタルコス『英雄伝』「ペロピダス伝」七。ペロピダスは古代テーベの英雄。盟友エパミノンダスと共にテーベをスパルタの支配から解放（前三七九）、同市を全ギリシアの覇者の地位に押し上げた。
(35)　ミキアデスは古代ギリシアの都市国家ケルキュラの軍人。ペロポネソス戦争の発端となるシュボタの海戦（前四三三）において活躍した。パウサニアスは第二次ペルシア戦争時のプラタイアの戦い（前四七九）にてペルシア軍を撃破。レオニダスは同じく第二次ペルシア戦争時、テルモピュライの戦い（前四八〇）にて活躍。
(36)　ペトラルカ『凱旋』「名声の凱旋」一・七九—八一。ここにおいて「武器を手に取れる者」とは古代ローマの英雄マンリウス・カピトリヌスを、「一人全トスカーナに立ち向かう者」とは同じく古代ローマのホラティウス・コクレスのことを示唆している。

(37) ペトラルカ『凱旋』「名声の凱旋」一・八五―八六。

(38) リウィウス『ローマ建国史』二六・四五。

(39) グィッチャルディーニ『イタリア史』一一・一二。

(40) リウィウス『ローマ建国史』二・四七・一一。

(41) タキトゥス『アグリコラ伝』一八。

(42) ポリュビオス『歴史』一〇・四〇・六。

(43) プルターク『英雄伝』「テミストクレス伝」二・一および三・四。

(44) アミアヌス・マルケリウス（四世紀ローマの歴史家）『言行録』二七・三・七。

(45) シャルル・ダンジューのこと。

(46) ディオ・カッシウス『ローマ史』四九・五。

(47) リウィウス『ローマ建国史』二四・一九。

(48) リウィウス『ローマ建国史』二八・六・一二。

(49) タキトゥス『年代記』四・四〇。

(50) ヴェルギリウス『アエネース』八・七一四―七一六のボテロ自身によるイタリア語訳。

(51) ホラティウス『書簡』二・一・二三九―二四〇。

(52) アンティオコス四世のこと。

(53) プトレマイオス六世のこと。第六次シリア戦争（一七〇―一六八）の発端。この戦争においてアンティオコス四世率いるシリア軍は戦勝を重ね、エジプトの大部分を占領したが、ローマの政治介入によりエジプト征服を断念した。

(54) ペトラルカ『凱旋』「名声の凱旋」一・七七―七八。

(55) リウィウス『ローマ建国史』四五・一二―一三。

(56) 『ローマ皇帝群像』「アレクサンデル・セヴェルスの生涯」三三・三。

(57) タキトゥス『年代記』一三・一九。
(58) リウィウス『ローマ建国史』二・五五。
(59) タキトゥス『年代記』六・三一。
(60) タキトゥス『同時代史』一・七および一・九。

訳者解説

序

今回ここに訳出したのは十六世紀後半イタリアに活躍した聖職者・評論家ジョヴァンニ・ボテロ（Giovanni Botero）の著作『都市盛衰原因論』（*Delle cause della grandezza e magnificenza delle città*）である。思想家としてのボテロの名は一般には、一五八九年に刊行されたその主著『国家理性論』（*Della Ragion di Stato*）によって知られているが、この著は刊行後わずか二年の間に四版、彼の存命中に更に七版を重ね、「時代の書」としてその名声の確立に寄与した。ボテロの主要著作としてはその他に、一五九一年から一六一八年にわたり五部構成により刊行された『世界の報告』がある。この書は、カトリック教会の世界宣教の状況の紹介を目的に、各地の地理風俗情報の集大成を行なうことを企図するものであったが、折から西欧全体を巻き込んだ〈地理上の発見〉の時代を背景に、世界を知る手引書として十八世紀初頭に至るまで、欧州知識人の間で広く読まれ続けた。

これら二つの著作と比べ『都市盛衰原因論』は、この翻訳を手に取られた方もすぐお分かりのように、分量的にもささやかなものであり、決して江湖に知られた著作ではない。刊行の形態においても、『国家理性論』刊行以降はこの主著と合冊で刊行される場合がほとんどで、むしろ『国家理性論』の付録に過ぎないと考えられてきた（事実本書第二巻第七章の「勤勉について」と題された章は、『国家理性論』第八巻第三章にそのまま転用されている）。このような本書の刊行形態そのものが、英訳者G・シムコックスが指摘するように、従来、その価値が看過されてきた最大の原因だったとも言えよう。だが彼の著作に対する、近代的な批評研究の先駆者であるL・フィルポが本書を「小さな傑作」と賞賛して以降、『国家理性論』よりもむしろこの『都市盛衰原因論』においてこそ、思想史に対するボテロの独創的寄与を見て取る批評家も現れてきた。従来甘んじてきたこうした付録的位置づけにもかかわらず、本書がなぜ「小さな傑作」と評されるのか、それを考察することをもって、本書の解説に代えたい。

ボテロの生涯

だがまずは不案内な我が国の読者のために、このボテロという一時はかのマキャヴェッリとも並び称されながら、近代に入り忘却されてしまった観のある思想家の生涯を、簡単に紹介しておくことも必要であろう。ジョヴァンニ・ボテロは、十六世紀後半から十七世紀初頭のイタリアに活躍した聖職者・詩人・評論家である。一五四四年北部イタリアはピエモンテ州（当時はトリノを首都とするサヴォイア公国の支配下にあった）の小邑ベーネ・ヴァジェーナの中産階級に生まれた彼は一五五九年、南国シチリアはパレルモに創設されたイエズス会の寄宿制神学校に入学した。この選択の背景には、彼の叔父ジョヴェンナーレが草創期の同会の一員としてこの神学校で教鞭を執っていたことが考えられる。だが翌年に生じた叔父の死去を契機に、ジョヴァンニはより高い修学の機会を求め、同会のローマの寄宿制神学校に転学し、その高い知性、とりわけラテン語による詩作の才能の故に、長上の注目するところとなった。だがその一方で彼は、その躁鬱気質の故に、同僚とたびたび紛争を引き起こし、長上たちの困惑の種ともなっていたようだ。

一五六五年に彼はフランスに派遣され当初は中南部のビヨムの神学校に、続いてパリの神学校に修辞学教師として派遣されている。ここでもまた詩人として、フランス知識人たちから好評を博したものの、やはり同僚たちと紛争を引き起こし、六九年にはイタリアに召還されてしまう。その後も彼は躁期の傲岸不遜で無鉄砲な言動と、鬱期の神秘主義的夢想（海外宣教における殉教を空想したりしている）による無気力な生活を繰り返し、長上の叱責をしばしば買っている。彼のこうした不安定な行状の背景には、イエズス会に入会後二十年に及ぶにもかかわらず、盛式四誓願（イエズス会士中最高位の身分を有する司祭に叙する手続き）を行ない会の正会員となることを許可されないことに対する不満があった。だが共住生活を基本に置くイエズス会の会憲を念頭に置いたとき、会の首脳部が協調性のない彼の受け入れを、その詩人としての資質を評価しつつも、躊躇せざるを得なかったことは首肯し得る。一五八〇年に至り、訓戒のため独房に幽閉されたことを契機に積年の不満を爆発させ狂乱状態に陥ったボテロを見放したイエズス会は、遂に彼を会から放逐する決定を下した。

こうした危機を救ったのが、折からミラノにて、プロテスタント運動に対するカトリック対抗宗教改革を大々的に遂行しつつあった、大司教にして聖人カルロ・ボッロメーオ枢機卿であった。実は大司教とボテロの最初の出会いは不幸なものであった。これに先立つ一五七九年、大司教の御前で行なったボテロの『詩篇』についての講義は、教皇の世俗支配権に対する否定的内容により大司教の不興を買い、そのことが翌年の長上たちのボテロに対する制裁の伏線になっていたのである。だが自身の対抗宗教改革を展開するため、手駒となる才能を常に探索していた大司教は、自分にとって不適切な講義を行なった男の、弁舌や文筆の才能を見逃してはいなかった。イエズス会を身一つで追放されたボテロに大司教は、まずはルイーノの教区教会の助任司祭職を、さらには自身の秘書の職を提供した。ボテロのそれまでの半生を悩ました躁鬱的精神症状がこれ以後、文献に顕れる限りぴたりと止まっているのも不思議である。イエズス会の独特の生活様式が、長年の在籍にもかかわらず彼の性格と全く合致しなかったことも、その大きな要因であろう。だが筆者の考えによれば彼の精神的安定の根本要因は、聖カルロ・ボッロメーオ枢機卿＝大司教という巨大な人格に出会い、それを第二の自己として内面化し、生の支柱となし得たことによるものだと思われる。事実彼はこの後、『現世の軽蔑について』、『キリストの王国』、『聖人たちの聖なる戦いについて』といった、ボッロメーオ大司教の指導する対抗宗教改革精神を代表するような著作や、それと類似の発想に貫かれた説教集を次々に刊行している。

もし大司教のもとでの勤務がわずか四年で終わらなければ、彼の精神は大司教のそれに余す所無く吸収されてしまい、自身の独創性を全く枯渇させてしまったことであろう。幸いなことに一五八四年十一月の大司教の薨去によって、彼はその精神の自由を獲得した。それればかりではない。自身の故国サヴォイアの君主カルロ・エマニュエレ一世の依頼を受け彼は、その秘密諜報員として、宗教戦争に揺れるフランスに再度派遣される機会を獲得する。このことはフランスという同一の素材を、かつての一介の見習い修道士だった頃とは異なる視点から眺めることによって、彼の精神的視界を拡張することに役立ったことだろう。とりわけこの再訪に際して、『国家論六書』をはじめとするボダンの著作に接したことが、自身の著作『王の叡智について』の執筆を介し政治へと開眼し始めていた彼にとって、政治そしてその背後にある経済の考察に、本格的に参入する契機となった。

フランスから帰国したボテロは乞われて、故カルロ・ボッロメーオ枢機卿の年若の従兄弟フェデリーコ・ボッロメーオの家庭教師兼秘書に就任し、ローマに移住したが、その地における彼の主な任務は、若輩のフェデリーコに枢機卿位を獲得せしめるべく、聖座に根回しをする政治交渉であった。この交渉は成功裏に終わり、翌年フェデリーコは早くもこの顕要の地位に挙げられた。それ故この後彼は、新枢機卿の師父という威信と共に、折から教皇シクストゥス五世の意向の下、世界に広がるカトリック世界の首都として繁栄を享受した、ローマの文運隆昌の空気を存分に堪能したのであった。本書『都市盛衰原因論』(一五八八)に始まり、『国家理性論』(一五八九)、『世界の報告』(一五九一)という彼の主要著作がこの時期、次々に刊行された背景に、彼のローマにおける文人たちとの実り多き交流を見落としてはなるまい。

十年に及ぶローマ滞在は、主君フェデリーコ・ボッロメーオのミラノ大司教着任（一五九六）への随行により断ち切られることとなる。だがローマという文化の中心からの移転は、彼にとってかなり不本意なことだったようだ。一五九八年彼はボッロメーオ家から平和裏に退転し、再度この〈世界の首都〉へと帰住したものの、翌九九年にはサヴォイア公の三人の公子の家庭教師への就任を要請され、トリノに終の住まいを構えた。だがこのトリノへの転居は、彼の知的生産の最盛期の終了をも意味した。確かにこれ以降も『キリスト教君主論』、『武将列伝』、『対トルコ同盟論』、『煉獄論』といった作品が、公子たちの教育の教材として、次々に執筆されるが、それらはローマ時代の諸作品に比し、対抗宗教改革精神に忠実な、定型的性格のものに逆戻りしてしまっている。公子たちの師父にして、サヴォイア公の名誉書記官長、キウーザのサン・ミケーレ大修道院長職をはじめとする様々の栄職に包まれ、故郷ピエモンテに錦を飾った彼はその人生に充足し、従来から諸研究家に指摘されたような、保守的・受動的性格を露骨に示すようになったのである。

ボテロは一六一七年六月二十三日にトリノの自宅で亡くなった。享年七十三歳。その著作の随所に浮かび上がる影響に窺われるが、彼は晩年には、彼を追放したイエズス会との精神的和解を果たしていた。その膨大な遺産は遺言により同会に遺贈され、自身同会の管轄になるトリノの諸殉教者教会に葬られている。

「小さな傑作」

さて以上のような概観から理解されるとおり、ボテロの生涯は大略三つの時期に区分される。すなわちその誕生からイエズス会追放に至る助走期、イエズス会追放からカルロ・ボッロメーオ大司教＝枢機卿のもとでの勤務を経て、ローマにおける文人生活に至る、飛躍としての第二期、そしてトリノのサヴォイア公家宮廷における満ち足りた廷臣という立場による、人生の実りとしての第三期である。注目すべきは、今日再読するに値する独創性を備えた彼の著作（『都市盛衰原因論』、『国家理性論』、『世界の報告』）が、もっぱらローマにおける文人としての生活期、それも一五八八年から一五九一年のわずか数年の間に集中している点である。この事はシャボーも言うように、マキャヴェッリのごとく孤独の中で自己の内面から立ち上がる着想を文字に刻み込む程の強烈な創造性を持たず、自身に与えられた環境に適合し、それに対する反射としてのみ何事かを発想し得る、ボテロの独創性の乏しさの反映である。彼の知的活動には、先にも触れたシクストゥス五世とドメニコ・フォンターナのもとで、カトリック世界の政治・文化の中枢たるバロック都市へと変貌を遂げつつあった、ローマの知的雰囲気に由来する刺激が不可欠だったのである。例えば今日におけるボテロ研究の第一人者ロマン・ディシェンドレによれば、『国家理性論』の執筆には、マキャヴェッリの『君主論』の盛行に対する危機感ゆえに、「誤った国家理性」に対する「真の国家理性」を提示するという、カトリック教会筋の要請に、当時禁書検閲聖省の評定官に登用されていた彼が機敏に対応したという背景が仄《ほの》見えるし、『世界の報告』の陰には、イエズス会の世界宣教を通じて単にヨーロッパのではなく世界の宗教へと変質しつつあったローマを中枢とするカトリック教会の現況を把握したいという、弟子であるフェデリーコ・ボッロメーオ枢機卿の懇望があった。これに対し『都市盛衰原因論』には、こうした外部的要請に基づく執筆動機を全く窺うことができず、もっぱら彼自身の内面より噴出する意欲が、本書を書き上げさせたものと思われる。その意味で本書『都市盛衰原因論』は、ボテロの才能が生み出した唯一の独創に基づく知的生産物といっても過言ではない。「彼は分析の天才であった。だがその一方で彼は、思弁的任務においては極めて脆弱な才能しか持っていなかった」という、フィルポの指摘のとおり、もし『都市盛衰原因論』を通じ彼が獲得した独創的視点が、政治問題を語る『国家理性論』や世界の地誌を語る『世界の報告』に組み込まれることがなかったなら、後の二つの著作は単なる雑多な個別情報の集録にしかならなかったであろう。その意味で『都市盛衰原因論』という小冊子は、ボテロの知的営為の結晶点となる作品なのである。

『ディスコルスィ』第二巻第十章の詞書きにマキャヴェッリは、「俗説とは反対に、戦争の決め手は金の力ではない」と記している。単純化すればマキャヴェッリは、戦争による領土拡大を通じ、他国の富を収奪すれば国力は増大すると判断しているのである。彼が征服により大陸に巨大帝国を築き上げたローマを、当代の諸国が模倣すべき国家の範型と推奨したこともまた、かかる国力観に基づいている。これに対しボテロは『国家理性論』第七巻第三章（「君主が財を有することは不可欠であるか」）において、戦争遂行において財貨を確保することの決定的重要性を説いているが、これは明らかにマキャヴェッリを念頭に置きつつ、これに対する反論を意識した箇所である。注目すべきはボテロがここで国力というものを、武力を指標としてではなく、財力に基づいて判定している点であろう。換言すれば国家の目的は国富の増大にあり、領土の拡大や戦争での勝利は、国富の拡大に役立つ限りにおいてのみ評価されるに過ぎない。

こうした国家の真の目的としての国富の増大に、ボテロが議論の焦点を宛てた著作こそ、本書『都市盛衰原因論』なのである。『国家理性論』はこの国富の増大という根本問題との関連から、戦争や人民や官僚の統御、外交や宗教の活用といった諸問題を論じているに過ぎないと見ることもできる。そして議論が多岐にわたればわたる程、〈分析の天才〉であったものの、「思弁的任務においては極めて脆弱な才能しか持っていなかった」（L・フィルポ）ボテロの才能は、本筋とは異なる袋小路へとしばしば逸脱し、その議論は多彩でありながら一貫性を欠くものへと堕してしまう。フィルポやシャボーが『都市盛衰原因論』を「小さな傑作」と称するのは一つには、論題が例外的に経済すなわち国富の増大という限られた一点に集中されているため、本書がボテロの他の著作に類を見ないほど一貫した、論旨の構成を有していることによっている。

中世都市から近世国家へ

ところで本書の題は〈都市〉盛衰原因論であり、一見国家を取り扱うものでないように見える。だがディシェンドレも論じるように、〈都市〉を論じることがそのまま〈国家〉を論じることに転じる点に、ボテロが打ち出した新しい都市観の核心がある。

ディシェンドレによれば中世イタリアの都市は、盟約を交わした限定された数の市民たちが、自身によって自身を統治する自己完結的共同体たることをその本質とする。中世イタリア都市のこうした排他的性格を可視化するものこそ、都市全体を取り巻く城壁であった。従って都市の規模的・人口的・経済的拡張は、必ずしも歓迎されるものとはならず、むしろ都市の騒乱や分裂を助長するものとして忌避されがちであった。「いまなお第三時、第九時の鐘が聞こえるあの古い城壁の中で、フィオレンツァ〔フィレンツェの古称〕は平和で真面目でまた清潔であった」というダンテの『神曲』「天国篇」第十五歌の一節は、アリストテレス『政治学』の主張に裏付けられた、こうした自己完結的都市像の生命力を指し示している。もちろんダンテ自身が嘆くように、都市への市場交換経済の浸透と共に都市は周辺領域と一体化し、世界的交通網へと接続することにより、その自閉性を弛緩させていくこととなる。だが都市の量的拡大より、質的完成を重んじるアリストテレス＝ダンテ的都市像は、ルネサンス期に至ってもなおその余韻を保っていた。フィレンツェを始めルネサンス期イタリア都市に展開した、古典主義様式に沿った建築ブームは、自身の都市に量に基づく勢力ではなく、質に基づく威信を付与しようと試みるものだったとディシェンドレは言う。

だがこのように依然、威信ないしは質に依拠していたルネサンス期イタリアの都市観は、一四九四年のフランス軍南下に始まるイタリア戦争の勃発により、それが物量に基づくフランスやスペインのごとき集権国家の大勢力に比肩すべくも無いことを、白日の下に晒すに至ったのである。こうした事態を前にローマ帝国に倣いあえて人口増大を志向し、量的原理に基づく市民軍の構築を企図したマキャヴェッリのごとく、イタリアの都市観の再編の必要を直覚した人士も少なくなかった。だがマキャヴェッリは彼の新しい思想を、古い都市国家の政治思想の語彙を用いて表現しようとしたため、その議論に重大な矛盾を抱え込んでしまったのである。

これに対しボテロは、全く新しい観点から都市について語り始める。彼は本書『都市盛衰原因論』の冒頭からこのように宣言した。

「その土地の広さや城壁の長さをもって、盛大なる都市と呼ぶのではない。その住民の数の多さや彼らの有する資産の豊かさをもって、盛大なる都市と称するのである。人間は都市から生じる権威や必要、あるいは快楽や有用性によって、そこに集住するよう導かれることになる」（本書第一巻第一章）。ここでまず注目されるのは、「土地の広さや城壁の長さ」、つまりは中世的な自己完結都市の表徴が、都市の繁栄の指標となることが否定されている点である。ボテロによれば都市の繁栄の真の指標は、「住民の数の多さや彼らの有する資産の豊かさ」である。そして都市の住民の多さは、結局はその都市が提供する「快楽や有用性」、なかでもその地理的有用性に由来するものとされる。この有用性という言葉を本書に即して考察すれば、その立地条件が当該都市が人・物・金・情報の流通の交差点となるということに他ならない。つまりボテロの考える都市とは既に城壁や荘厳なる建築物のごとき〈実体〉ではなく、こうした諸要素の交錯によって生じる、刻一刻の〈関係〉性の総体なのである。かような〈関係〉性の総体としての都市イメージをボテロは本書第二巻第十二章に、その皇帝の行く先々に流動的に現出するエチオピア宮廷の大テント群として表象しているが、彼の発想にとってのより直接的な刺激は、折からシクストゥス五世により促進された道路ネットワーク整備に基づく〈首都〉ローマの大改造や、同時代のL・グィッチャルディーニの『低地諸国総覧』に示されたアントワープや、G・B・コンファロニエーリの『都市リスボンの繁栄と壮麗』にも窺える、自由な交通の結節点としてのヨーロッパの新たな巨大都市の勃興であったことだろう。

興味深いのは、ボテロがエチオピア皇帝の移動都市の姿と共に、こうした新しい都市のいま一つの姿として、「いまや中国は、全体として一つの巨大な都市を形作っているのである」（本書第二巻第十二章）と、人口稠密で四方に張り巡らされた交通網による都市の相互連関の結果、一つの巨大な都市＝世界と化した、彼の幻想による中国について語っている点である。人や物や情報の流動により現れては消えるエチオピア宮廷の移動都市と、これらの物の移動の高速化・濃密化の結果世界全体が一つの都市と化す中国世界——ボテロの想念におけるヨーロッパの主要都市はこの二つの極の中間的位相を占めている。そのことをよく示すのが、彼によれば人口四十五万人にも達するというフランスの首都パリである。パリのこの巨大な人口は「膨大な量の食糧により養われ〔……〕信じられないほど多量なあらゆる物資の流入により」（本書第二巻第十二章）維持されている。このようなことが可能となるのも、国王の居所たるこの都市が、フランスというこの人口千五百万に達するヨーロッパで最も富裕な地域を統括する、流通の中枢となっているからである。換言すればイタリア中世都市の自閉性を脱却したヨーロッパの巨大都市＝首都は、中国に比べれば遙かに限定された規模であるとはいえ、一定領域全体の交易・流通網の焦点として機能することを通じ、この一定領域を近世領域国家という名の自己完結した小世界へと、再編成しているのである。先にディシェンドレを引用しつつ、『都市盛衰原因論』が単に都市の繁栄について語った書ではなく、武力による領土の拡大を主張するマキャヴェッリの著作に対抗すべく、流通に基づく都市の経済的繁栄、なかんずく首都の経済的繁栄を介しての国勢の発展を語る、国家論なのだと筆者が主張したのもまた、ボテロにおける首都の繁栄と国家の構築の上記のごとき相関性によるものである。国家の出現と発展に対する、都市経済の決定的な役割へのこうした着目こそが、『都市盛衰原因論』を「小さな傑作」と評すべき、いま一つの理由となる。

『都市盛衰原因論』各巻の概要

本書のこうした独創性を踏まえつつ、以下に各巻の論点を分析しよう。第一巻においては前述のごとく、都市の評価が、城壁や威信ある壮麗な建築物により視覚化されるその自己完結性（それはまたこうした都市共同体に〈盟約〉を通じて参与する、市民による自己統治という政治的意味をも有している）にではなく、都市の規模、すなわちそこに蓄積される富の量と人間の数を通じてなされるという主張をうけ、多数の人口を有すべき土地の根本条件が考察される。なぜ富に先立ち人口が考察されるのかと言えば、ボテロが、富の本質はその原料にではなく、そこに注ぎ込まれた人間の労力に存するものだという、労働価値説を先駆ける観念を明らかに有しているからである（「技芸は自然と競い合うものであるが〔……〕人間の技量により作り出されたものは、自然に産出したものより一段と高い価格に評価される」本書第二巻第七章／『国家理性論』第八巻第三章）。それゆえ人口を多数有すれば有するほど我々は、富の根源を多数有することになるのである。

そこでボテロは人口を増大させる要因として、指導者の発意にもとづく〈権威〉、武力による〈強制〉、娯楽や安楽の提供による〈快楽〉、生産や交換といった経済活動を促進する〈有用〉という四つの要因を挙げつつ、たとえ人間が〈権威〉や〈強制〉により一カ所に一時的に集められたとしても、彼らの内心にそれに同意する動機がなければ、かかる人間の集合は永続し得ないと言う（本書第一巻第七章）。他方〈快楽〉は個々人の内面の自発性によるものであるから、〈権威〉や〈強制〉と比べて持続的効果を期待しうるものの、「人間は働くために生まれてきた」のであり、「怠惰は精力的な人々の働きや勤勉に依存している」ため「有用性がなければ快楽も存在し得ない」（本書第一巻第七章）のであるから、多数の人間を引き寄せる地とは何にもまして、こうした生産と交換の〈有用〉性に恵まれた地に他ならない、とする。では、〈有用〉性に恵まれた地とは、彼にとっていかなる地であるのか。

この点について彼は本書第一巻第八章において、「立地の優位」、「地味の豊かさ」、「移動の利便性」の三点を挙げている。「立地の優位」とは単に移動運搬の通過点となるのではなく、かかる活動の終着点となるという地理的条件を指している。「地味の豊かさ」が農業生産性の高さをもたらすことは無論であるが、こうした地味の豊かさが人口の稠密さに直結しないことについてボテロは、自身の故郷ピエモンテを例に引き詳論している。くわえてボテロが人口を増大させるため、最も重要な要因として本書第一巻第十章において強調するのが「移動の利便性」、すなわち人・物・金・情報の交換の回路としての交通の容易さに他ならない。とりわけボテロが強調するのは、陸路に対する水路の優位である（「神が水というものを、単に自然の景観の完成に必要不可欠な要素としてのみならず、ある国から他の国へと物資を運搬するにあたって利便至極な手段として、世にお与えになったかのように思われる」）。その理由をボテロは「陸路よりむしろ水路を介することにより、実に短時間にしかも安価で労苦少なくより大量の荷物を、はるか彼方の国々に送り届けることができる」からであると明快に指摘する。

だが「地味の豊かさ」と同様に、「移動の利便性」という条件もまた、人口の多寡を決定する絶対的条件ではないとボテロは釘を刺すことを忘れない。ナポリとメッシーナ、ジェノヴァとカルタヘナを比較しつつ彼はやはり第一巻第十章において、都市間で同じ地理的条件を有しながらも、同一の繁華を享受し得ないことがしばしば生じることを明言している（「もし交通の利便が都市の隆盛の直接の原因となるのであるなら、なぜ同一の河川の川岸のある都市は別のある都市に比べ、いっそう巨大になるのだろうか」）。このような点においてボテロは決して、地理的決定論者ではない。そこでボテロが目を転じるのが、水運の悪い地を良い地に改変する運河の開削や港の整備に代表される、自然条件への人為の関与、つまり広義の政治政策の有効性である。そしてこのような都市に課せられた自然条件を改変し、都市の繁栄をもたらす人為としての政治政策を論じることが、『都市盛衰原因論』第二巻の主題となる。

人口を増大させる人為的政策として第二巻の前半には、移民の自由な受け入れ、聖堂、大学、裁判所といった公共施設の設置や、君主や富裕な貴紳の居住、関税の撤廃をはじめとする減税措置、資源の禁輸や生産物の独占的供給、都市の後背地の確保といった種々の政策が提示されている。続いて第二巻の後半においては、こうした政策の宜しきを得て巨大都市に成長した具体例として、古今東西を問わず世界の様々な都市（テーベ、アレクサンドリア、カイロ、ペルセポリス、タブリーズ、サマルカンド、コンスタンティノープル、アルジェ、チュニス、モスクワ）が次々と紹介されるが、とりわけ目を引くのが、中国に対し多大な紙幅が割かれている点であろう。マキャヴェッリが模範とした古代ローマではなく、豊かな天然資源が優れた官僚組織の賢明な施策により、比類無き効率により活用される幻想の当代中国こそ、ボテロにとっての理想の国家モデルであった。こうした世界の各都市に関する情報は、主にこれらの地域の福音宣教に従事した、イエズス会士たちの報告書簡に基づくものであったと考えられるが、脱退したとはいえ元イエズス会士だったボテロが、こうした情報に接し得る特権的立場にあったことは、見過ごせない事実であろう。

　このように第二巻では自然の限界を克服する人為による都市の繁栄という、楽観的展望が示された訳であるが、続く第三巻においては都市の成長つまりは人口増大の限界という、一転して悲観的な論点が俎上に載せられる。「その巨大さにおいてもその勢力においてもある点にまで到達してしまった都市が、それを乗り越えることができなかったり、この点で停滞してしまったり、また時にはそこから逆戻りしてしまったりするという事態が生じるのはいったいなぜなのかを考察する」ことこそが、第三巻の主題となる。更に言えば単に一都市に限らず世界全体についても、神の課した限界ゆえに「同じくこの三千年来こうした人口増大は、都市の場合と同様にある一線を越えてはいない」（第三巻第二章）のだとボテロは語る。

　この問題を解くべくボテロが示唆したのが、都市の人口増大を人類の人口増加率という定数と、食糧供給という変数の相関を通じて把握する視点に他ならない。食糧供給を減少させる要因として彼は、「土地の険阻や山岳の高さ、渓谷の深まりや河川の急流、海洋の困難、海賊の仕掛ける罠、風の転変、近隣住民の悪意、敵からの憎悪、競争相手からの妨害、売買契約締結までに要する長い時間、物資を運びだす現地における欠乏や需要、諸民族間の本来的な敵対関係、宗教的対立」（第三巻第二章）といった諸要件を挙げている。第二巻において論じられた自然に対する人為としての諸政策とはまさに、こうした諸々の障害を除去することを目的とするものであり、軍事力の行使も領土の占領も、こうした食糧供給に帰着する交易路の保持や拡張という目的に奉仕する手段として、許容される。この点においても、古代ローマのごとき軍事的＝領土的拡張を達成すれば、問題は解決すると考えるマキャヴェッリの議論と、ボテロの議論が異なる水準に立つものであることは明らかである。

この第三巻の議論は従来から、『都市盛衰原因論』が幾ばくかの世の関心を引きつけてきた、例外的箇所であった。この書の価値を近代において最初に発見した人物ヨゼフ・シュンペーターは、この第三巻の議論を拠り所に、「マルサス的な人口の原理は、一五八八年にボテロの脳中において完璧に形成され、そこから流出し、またそこにおいて定式化された」(『経済分析の歴史』第一巻)と指摘しているが、正にこの〈マルサスの先駆者〉という称号こそ、『都市盛衰原因論』の著者としてのボテロの伝統的価値評価であった。だがこれまでの解説から理解されるとおり、人口論はこの書の中心的の論題の一つではあっても、その全てではない。人口の増減という問題を核に据えつつ、こうした議論を地理学的条件や、それを克服する政策的人為の問題と組み合わせることによりボテロは、経済地理学や政治経済学という新たな知的領野の開拓者となった。そしてまさにこの事こそが、『都市盛衰原因論』という書のもつ、西洋思想史上の意義に他ならないのである。

『都市盛衰原因論』の射程

だがこうした性格を有する『都市盛衰原因論』なる書との連関を踏まえたとき、それを内に組み込んだ『国家理性論』もまた、これまで着目されてこなかった新たな側面を浮かび上がらせることになる。すなわち張り巡らされた通商の地域的ネットワークの交差点に生じ、逆に自身が有する吸引力によりこの地域的ネットワークの一定部分を統御する力を備えた中心都市を核に領域国家が形成される一方、こうした中心都市間の交換を通じ世界大の交通ネットワークが出現する。『都市盛衰原因論』が描き出すこのような世界像に、「統合された諸国家と分裂した諸国家のどちらがより長続きするか」と題された、『国家理性論』第一巻第七章の議論を重ね合わせたとき、何が見えてくるであろうか。〈統合された国家〉とは古のローマ帝国やペルシア帝国、あるいは今日のロシアのごときひとかたまりの広大な領域を保有する（そしてこのような大領域の形成は当然ながら軍事的征服に基づいている）、陸上の大国家のことである。こうした陸の帝国は「強大かつ統一されており、統一はそれ自体で一段の強固さや勢力をもたらす」。だがこうした〈統合された国家〉との比較において、〈分裂した国家〉の場合でも、それを構成する各地域間で「互いを支援することができ、侵略を恐れない程に各部分が強大かつ勇猛であるなら、こうした領国を統一国家に比し安定していないと評することはできない」とボテロは断じる。ではこのような〈分裂した国家〉における相互支援はいかにして達成されるかと言えば、第一に金銭の力、第二にこうした各地域の中間に介在する国の君主の同意、そして第三にこれら各地域が「海に面しているため」、「海軍力により容易に防衛が果たせる」ことによる。

とりわけ重要なのは第三の条件である。これを敷衍して考えれば、こうした沿海諸地域の相互支援・相互連関は、ボテロが『都市盛衰原因論』において最も効率性の高いものと目した、海上交通を介した人・物・金・情報の環流により維持されている。そしてこうした海上交通の経営の鍵となるのが、かかる海上交通を防衛し、それに対する障害を排除する海軍力だと言うことになる。換言すれば強大な〈分裂した国家〉とは、陸の〈統合された〉帝国と対峙する、海上の帝国に他ならない。後者の代表としてボテロは当代のスペイン帝国を想定する。スペイン帝国の保有する新大陸の金銀に加え、その傘下の諸地域（イベリア半島、イタリア、フランドル、新大陸）が海によって結びつけられていること、航海術に卓越した「カタロニア人やバスク人、ガリシア人やポルトガル人」を支配下に置くことにより、強力な海軍を保有していることなど、当代のスペイン帝国はボテロにとって、強大な〈分裂した国家〉という条件を満たす範例となった。こうした陸の〈統合された国家〉と海の〈分裂した国家〉の並立という観点が、世界史を陸上勢力の象徴としてのベヒモスと海上勢力の象徴としてのレヴィアタンの闘争としてとらえる、マッキンダーやマハンの地政学的世界史観に酷似したものであることは、容易に見て取れよう。

シュミットも説くごとく、十六世紀のスペイン〈帝国〉に始まり、十八世紀のオランダ〈帝国〉、十九世紀のイギリス〈帝国〉そして現在のアメリカ〈帝国〉へと継承される、リヴァイアサン（海洋国家）のベヒモス（大陸国家）に対する優越こそ、西欧が覇権を握る近世・近代史の特質であった。そしてこの従来にはない全く新しい歴史現象発見の嚆矢となる人物こそ、ボテロその人であった。かかる海洋帝国による覇権のもたらす平和をボテロは、『都市盛衰原因論』第一巻第十章に次のごとき美しい行文により描き出している。「あたかも一つの身体の各部分の肢体として人間が相互に依存し合うことを望まれた御神は、いかなる国にもすべての事物を与えることがないように、ご自身がもたらされる福利をしかるべきやり方で、世界の各地に分配されたのである。それはこの国がかの国の物資を必要とする一方、そうした接触により同じくかの国がこの国の物資を必要とするようになり、その結果として交流が生じ、かかる交流から愛が、更にはかかる愛から世界の統一が生ぜんがために他ならない。まさにかかる交流を促進すべく、御神は水というものを、その膨大さにより多大な物資を支えることができるように、またその液体性により人がかかる多大な物資を風や櫓の助けを借りて、思うままに世界のいたるところに運搬することができるように、という意図の下に創造された」。リカードの比較優位説に基づく自由貿易論を、二百年も先駆けるかのごときこの件《くだり》を読めば、ボテロをもって「分析の天才」と称したシャボーの評価に全面的に賛同したくなるのである。

リカードの自由貿易論が彼の生きた時代のイギリス〈帝国〉の国際覇権システムをその守護神としたごとく、ボテロの上記の理論（彼は本書第二巻第八章において、関税の引き下げ更には撤廃による貿易の促進にすら言及している）もまたスペイン〈帝国〉による国際覇権システムをその前提に置くものであった。周知のごとく富の拡大を目的とする自由貿易主義的〈帝国〉は、領土のやみくもな征服を目的とはしない。むしろ影響下の諸国と覇権システムがもたらす利益を共有することを通じて、こうしたシステムの維持を企図していくのである。ボテロが強大な〈分裂した国家〉の成立の第二の条件として、「間に介在する国の君主の同意」を挙げていることは、この点で極めて重要である。ボテロの眼前に見えていたのは、今日国際関係の英国学派が描き出しているような、国際法秩序の優越（こうした秩序の保証人となる点に覇権国家の機能が求められる）による諸国家の共存共栄関係としての国際社会であった。事実ブローデルが解明したように、スペイン帝国が構築した覇権システムに従属させられたトスカーナ大公国を筆頭とするイタリア諸邦は、この従属の代償あるいは果実として、十六世紀後半に空前の経済的繁栄を享受することとなった。遠い十六世紀イタリアに思いを馳せるまでもあるまい。覇権国システムへの従属＝主権の部分的譲渡の代償としての経済的繁栄を、我々日本人はこの半世紀以上にわたって、身をもって体験してきたのではなかったか。

後世のイタリア民族主義者たちからの〈現状維持〉論者との罵倒にもかかわらず、晩年のボテロが主君たるサヴォイア公カルロ・エマニュエレ一世の、スペインの覇権秩序に対する反抗を阻止しようとしたことも、ひとえにこうした反抗が、自身が営々と紡ぎ上げてきた世界観の根幹を損なうものであったからであろう。こうしたボテロの思想に対するスペイン〈帝国〉の存在の重みを考えるとき、『都市盛衰原因論』が一五八八年に刊行されたという事実もまた、決して偶然ではないように思われてくる。この年号は言うまでもなくスペイン無敵艦隊が、イギリス艦隊に敗北した年として知られている。だがブローデルによればそれ以上に重要なことは、この敗北を含む一五八〇年代に生じた一連の事件を通じ、まさにこの頃、スペイン帝国がその政策の主軸を地中海から大西洋へと移動させ、海洋帝国へとはっきり転換したことであった。実に『都市盛衰原因論』は、このような転換の結果としての、これまでにない新しい〈帝国〉のかたちの出現をいち早く告知した書に他ならなかった。

＊

今回の翻訳にあたってはこの『都市盛衰原因論』に加え、付録として「評判について」と「中立について」という二つの論考の翻訳を併載した。両論考ともマキャヴェッリによってなされた同一の論断を意識して執筆されながら、マキャヴェッリとは正反対の結論を引き出すことを企図した論考である。ボテロの先駆者にしてかつ最大の論敵とされるマキャヴェッリの思想と、ボテロの思想の差異を考察する上でも大きな手かがりとなる資料と考え、これを機会に訳出した。なお今回のこの翻訳にあたっては、底本としてG. Botero, "Delle cause della grandezza e magnificenza delle città", "Della riputazione del principe", "Della neurtalità" in G. Botero (a cura di L. Firpo), *Della Ragion di Stato*, UTET, Torino, 1948, pp. 241-454を用いたが、近年の批評校訂版としてG. Botero (a cura di R. Descendre), *Delle cause della grandezza delle città*, Viella, Roma, 2016及び英訳版G. Botero (G. Symcox ed.), *On the Causes of the greatness and Magnificence of Cities*, University of Toronto Press, Tronto-Buffalo-London, 2012を随時参照した。また訳稿の作成にあたって、ボテロ『国家理性論』（石黒盛久訳、風行社、二〇一五年）を参考に用いている。

なお、本書の出版に当たって、日本学術振興会・科学研究費・基盤研究（B）「中近世ヨーロッパにおける「正しい認識力」観念の変遷」（代表＝皆川卓・山梨大学教授）より、多大なる援助を賜った。ここに特記して謝意を表したい。

著者／訳者について——

ジョヴァンニ・ボテロ（Giovanni Botero）　一五四四年、イタリアのピエモンテに生まれる。一六一七年没。聖職者、政治学者。十五歳でイエズス会に入会し、詩作の才能を見出されるが、同僚や上層部との不和の末、会を追放される。その後はボッロメーオ枢機卿およびサヴォイア公に仕え、イエズス会の情報網を用いて世界各国の政治・経済について研究を重ねた。主な著作に、本書のほか、『国家理性論』（一五八九。邦訳、石黒盛久訳、風行社、二〇一五）、『世界の報告』（一五九一）などがある。

＊

石黒盛久（いしぐろもりひさ）　一九六三年、愛知県名古屋市に生まれる。筑波大学大学院博士課程歴史人類学研究科史学専攻課程修了。博士（文学）。現在、金沢大学人間社会研究域歴史言語文化学系教授。専攻は西洋史学。主な著書に、『マキアヴェッリとルネサンス国家——言説・祝祭・権力』（風行社、二〇〇九）などが、主な訳書に、ボテロ『国家理性論』（風行社、二〇一五）、『マキアヴェッリ全集第六巻——政治小論・書簡』（共訳、筑摩書房、二〇〇〇）などがある。

装幀――西山孝司

イタリアルネサンス文学・哲学コレクション①

都市盛衰原因論

二〇一九年三月一五日第一版第一刷印刷　二〇一九年三月二五日第一版第一刷発行

著者――ジョヴァンニ・ボテロ

訳者――石黒盛久

発行者――鈴木宏

発行所――株式会社水声社

東京都文京区小石川二―七―五　郵便番号一一二―〇〇〇二
電話〇三―三八一八―六〇四〇　FAX〇三―三八一八―二四三七
［編集部］横浜市港北区新吉田東一―七七―一七　郵便番号二二三―〇〇五八
電話〇四五―七一七―五三五六　FAX〇四五―七一七―五三五七
郵便振替〇〇一八〇―四―六五四一〇〇
URL : http://www.suiseisha.net

印刷・製本――モリモト印刷

ISBN978-4-8010-0401-6

イタリアルネサンス文学・哲学コレクション　責任編集＝澤井繁男

［次回配本］

詩作論　トルクァート・タッソ　村瀬有司訳

代表作『エルサレム解放』執筆のかたわら英雄詩の創作技法の探求におもむき、題材、構成、修辞技法の点から英雄詩を明晰に論じた著作。タッソの技法（アルテ）に対する考え方、当時のイタリアにおける文学的潮流、さらには〈模倣〉と〈想像〉の問題にかんする重要な示唆を読み取ることができる。

予価＝二五〇〇円＋税

＊

哲学詩集　トンマーゾ・カンパネッラ／澤井繁男訳　近刊

宮廷生活　ピエトロ・アレティーノ／栗原俊秀訳　近刊

書簡集　ガリレオ・ガリレイ／小林満訳　近刊

人間の生について　マルシリオ・フィチーノ／河合成雄訳　近刊